Espérance, rêve, utopie dans la pensée d'Ernst Bloch

Ouverture philosophique

Collection dirigée par Aline Caillet, Dominique Chateau, Jean-Marc Lachaud et Bruno Péquignot

Une collection d'ouvrages qui se propose d'accueillir des travaux originaux sans exclusive d'écoles ou de thématiques.
Il s'agit de favoriser la confrontation de recherches et des réflexions, qu'elles soient le fait de philosophes « professionnels » ou non. On n'y confondra donc pas la philosophie avec une discipline académique ; elle est réputée être le fait de tous ceux qu'habite la passion de penser, qu'ils soient professeurs de philosophie, spécialistes des sciences humaines, sociales ou naturelles, ou... polisseurs de verres de lunettes astronomiques.

Dernières parutions

Guy-François DELAPORTE, *Seconds analytiques d'Aristote, Commentaire de Thomas d'Aquin,* 2015.
Jean-Claude CHIROLLET, *Penser la photographie numérique. La mutation digitale des images,* 2015.
François URVOY, *La racine de la liberté*, 2014.
Philippe BAYER, *La critique radicale de l'argent et du capital chez le Dernier-Marx*, 2014.
Pascal BOUVIER, *Court traité d'ontologie*, 2014.
Pascal GAUDET, *Le problème kantien de l'éthique,* 2014.
Gilles GUIGUES, *Recueillement de Socrate. Sur l'âme, source et principe d'existence*, 2014.
Mylène DUFOUR, Aristote, *La Physique, Livre VI. Tome 2 : Commentaire*, 2014.
Mylène DUFOUR, Aristote, *La Physique, Livre VI. Tome 1 : Introduction et traduction*, 2014.
Donald Geoffrey CHARLTON, *La pensée positiviste sous le Second empire*, 2014.
Jean-Serge MASSAMBA-MAKOUMBOU, *Philosophie et spécificité africaine dans la* Revue philosophique de Kinshasa, 2014.
Hélène de GUNZBOURG, *Naître mère, Essai philosophique d'une sage-femme*, 2014.
Jacques STEIWER, *Une brève Histoire de l'Esprit*, 2014.
Jean-Marc LACHAUD, *Walter Benjamin. Esthétique et politique de l'émancipation*, 2014.
John DEWEY (traduit par Michel Guy GOUVERNEUR), *L'expérience et la nature* suivi de *L'expérience et la méthode philosophique*, 2014.

Arno Münster

Espérance, rêve, utopie dans la pensée d'Ernst Bloch

Du même auteur

Figures de l'utopie dans la pensée d'Ernst Bloch, Aubier, Paris, 1985; rééd. (avec une nouvelle préface), Hermann, Paris, 2009.

Ernst Bloch : Messianisme et utopie (Introduction à une «phénoménologie» de la conscience anticipante), PUF, Paris, 1989.

Nietzsche et le nazisme, Kimé, Paris, 1995.

Progrès et catastrophe. Walter Benjamin et l'histoire (Réflexions sur l'itinéraire philosophique d'un marxisme «mélancolique »), Kimé, Paris, 1995.

Le principe dialogique (De la pensée monologique auto-réflexive vers la proflexion intersubjective), Kimé, Paris, 1997.

Le principe « discussion ». Habermas ou le tournant langagier et communicationnel de la Théorie critique, Kimé, Paris, 1998.

Nietzsche et Stirner, suivi de : Nietzsche est-il « immoraliste » ?, Kimé, Paris, 1999.

L'utopie concrète d'Ernst Bloch. Une biographie, Kimé, Paris, 2001.

Heidegger, la science allemande et le national-socialisme, Kimé, 2002, Paris.

Sartre et la praxis (Ontologie de la liberté et praxis dans la pensée de Jean-Paul Sartre), L'Harmattan, coll. « Ouverture philosophique », Paris, 2005.

(dir.) Sartre, le philosophe, l'intellectuel et la politique (Les actes du colloque « Sartre » d'Amiens), L'Harmattan, coll. « Ouverture philosophique », 2006.

Sartre et la morale, L'Harmattan, coll. « Ouverture philosophique », Paris, 2007.

Hannah Arendt contre Marx ? (Réflexions sur une anthropologie philosophique du « politique »), Hermann, Paris, 2008.

Adorno, une introduction (« Il n'y a pas de vraie vie dans la vie fausse »), Hermann, Paris, 2009.

Réflexions sur la crise, L'Harmattan, Paris, 2009.

André Gorz ou le Socialisme difficile, Lignes, Paris, 2008 (trad. en allemand, Rotpunkt-Verlag, Zurich, 2011).

Principe responsabilité ou Principe Espérance ? (Günther Anders, Hans Jonas, Ernst Bloch), le Bord de l'eau, Lormont, 2011.

Pour un socialisme vert. Vers la société écologique par la justice sociale. (Contribution à la critique de l'écologie politique), Lignes, 2012.

Utopie, Ecologie, Ecosocialisme (De l'utopie concrète d'Ernst Bloch à l'écologie socialiste), L'Harmattan, coll. « Questions contemporaines », Paris, 2013.

Albert Camus : La Révolte contre la Révolution ?, L'Harmattan, Paris, 2014.

5-7, rue de l'Ecole-Polytechnique, 75005 Paris
http://www.harmattan.fr
diffusion.harmattan@wanadoo.fr
ISBN : 978-2-343-05173-4
EAN : 9782343051734

Mes remerciements à Camille

PRÉFACE

Guidé par la volonté d'approfondir et d'enrichir davantage les recherches déjà assez nombreuses consacrées aux utopies et à la « pensée utopique » contemporaine en général, ainsi que par le souci de tirer en même temps le bilan des recherches et réflexions critiques qui se sont développées plutôt en marge d'une philosophie universitaire officielle (plutôt hostile à ces courants utopiques de la pensée), nous avons voulu rassembler, dans le présent volume, cinq conférences prononcées en 2012, 2013 et en 2014, en France et à l'étranger, notamment celles prononcées aux universités de Londres, de Milan, de Sarrebruck, de Paris VIII et à la Faculté Libre de Théologie protestante de Paris. Elles ont toutes pour objet la pensée du philosophe allemand de l'utopie et de l'espérance Ernst Bloch dont nous allons commémorer, en 2015, le 130e anniversaire de sa naissance. Elles ont été stimulées par l'encouragement que j'ai reçu, ces dernières années, de la part de plusieurs collègues et chercheurs européens (d'Italie, de Grande-Bretagne, d'Allemagne, de France et du Brésil), à continuer « contre vents et marées » ces recherches et ces explorations d'une œuvre malheureusement toujours très peu lue et connue en France, où l'on a effectivement, pendant plusieurs décennies, porté aux nues l'œuvre et la pensée d'un Walter Benjamin, mais en « oubliant », malheureusement, et très injustement, l'œuvre de son ami et « collègue » Ernst Bloch, avec lequel l'auteur du livre des *Passages Parisiens* avait pourtant partagé non seulement l'exil, mais aussi un grand nombre de ses idées et de son engagement philosophico-politique.

Il nous a aussi semblé utile et nécessaire de compléter ces conférences par une sixième contribution qui n'a pas encore été prononcée en public, mais qui a été au centre des préoccupations et des recherches de l'auteur, pendant ces dernières années : celle consacrée au rapport d'Ernst Bloch à Sigmund Freud et à la psychanalyse. Il s'agit ici, pour l'essentiel, de mettre non seulement en évidence que l'œuvre d'Ernst Bloch culminant dans la grande trilogie philosophique *Le Principe Espérance,* écrite pendant l'exil américain, de 1938 à 1949, s'est développée et a pris forme non seulement dans le cadre d'une confrontation philosophique critique rigoureuse avec Heidegger (auquel est reproché, entre autres, d'avoir esquissé une ontologie existentiale pessimiste, reflétant la situation politico-sociale désespérée d'une petite bourgeoisie « fascisante », et d'avoir hypostasié *l'angoisse* et le *souci* au détriment de l'espérance), mais de montrer aussi que, dès la rédaction de *L'Esprit de l'Utopie* (1918/1923), le jeune Bloch, évidemment guidé par le souci d'élaborer les fondements philosophiques d'une « ontologie du non-encore-être » et ceux d'une « conscience anticipante », exprimant les « images de souhaits » utopiques, engage un dialogue sérieux et critique avec le père fondateur de la psychanalyse, précisément dans le but de prouver, à partir d'une analyse du « préconscient » freudien, l'existence d'un *non-encore-conscient à fonction utopique* qui en tant que tel n'est pas reconnu par Freud.

En nous tournant vers *L'Esprit de l'Utopie*, ce livre à bien des égards « énigmatique », nous avons aussi voulu mettre en évidence, notamment par le biais de l'étude que nous avons consacrée aux rapports de Bloch à Kierkegaard, qu'il va falloir désormais vraiment faire la distinction entre le premier Bloch (le jeune Bloch, philosophe de l'existence, très inspiré à certains égards par Kierkegaard, notamment pour sa propre philosophie de la « Selbst-begegnung » (Rencontre-de-soi-même)), et du deuxième Bloch, à savoir le Bloch de la maturité, converti au marxisme, vers 1923/24, sous l'influence déterminante de Georges Lukacs, mais qui réussira quand même, précisément à la différence de son ami de jeunesse de Budapest (constamment rappelé à l'ordre par les instances bureaucratiques du parti communiste hongrois) à sauvegarder une grande partie des concepts de sa pensée de jeunesse et à les intégrer, très habilement, dans cette *pensée messianique de l'espérance et de l'utopie concrète* qui sera formulée – et magistralement explicitée – dans les trois volumes du *Principe Espérance*.

Accusé de « révisionnisme » par les plus hautes instances du parti communiste et de l'État de l'ex-RDA qui lui reprochaient aussi un certain « mysticisme » et le fait de s'être égaré (péché suprême !) sur le terrain de « la doctrine scientifique du marxisme-léninisme »[1], Bloch a été aussi l'objet d'attaques et de critiques sévères, en Occident, notamment de la part de Hans Jonas et de Günther Anders, tous deux opposés, pour des motifs différents, à cette philosophie marxiste « optimiste » de l'espérance et de l'utopie. À noter que Hans Jonas (qui était courtisé par un SPD à la recherche de nouveaux repères théoriques, après la rupture officielle avec le marxisme, opérée lors du Congrès de Bad Godesberg (1960)), avait délibérément choisi comme titre de son ouvrage majeur *Le Principe Responsabilité*, en contraste au *Principe Espérance* d'Ernst Bloch, dans l'intention claire d'opposer à l'ontologie utopique et messianique blochienne, fondée sur les images de souhaits de la conscience anticipante et sur la volonté de réaliser « l'utopie concrète », en vue de la construction d'un monde meilleur, l'esquisse d'une éthique « réaliste » et « anti-utopique » pour notre ère de la technologie moderne, dont l'objectif était de reformuler l'impératif catégorique kantien écologi-

[1] Cf. la série d'articles polémiques dirigés contre Ernst Bloch, publiés par R.O. Gropp dans le « Neues Deutschland » (l'organe officiel du parti communiste est-allemand), en décembre 1956.

quement et en fonction de la responsabilité morale que nous devons assumer pour les chances de survie des générations futures. Ainsi, dès les toutes premières pages de la Quatrième Partie du *Principe Responsabilité*, Jonas attaque vraiment ouvertement et, à notre avis, injustement, Ernst Bloch dont la pensée de « l'utopie concrète » sera globalement condamnée comme expression d'un « utopisme marxiste » obsolète et comme « eschatologie sécularisée ». Dans cette perspective polémique, même les thèses blochiennes les plus favorables à *l'écologie politique*, comme par exemple celles prônant une « résurrection de la nature » ou « l'alliance de l'homme avec la nature » et la nécessité de transformer la planète « terre » – dont les ressources ont été exploitées outre mesure et jusqu'à ses extrêmes limites par l'industrialisme capitaliste – en un « foyer » (Heimat), conciliant, sous les conditions d'une « vraie démocratie », « l'humanisation de la nature et la naturalisation de l'homme », sont rejetées. Evidemment, guidé par l'intention de soumettre tous ces concepts blochiens à une « vérification terrestre », Jonas s'efforça de démontrer, en le condamnant, « l'utopisme irréaliste » d'Ernst Bloch, en le rangeant parmi les approches de pensée « subversive ». En outre, Bloch serait vraiment selon Jonas, dans pratiquement tous les domaines, trop « oraculeux », pour pouvoir imaginer une concrétisation de ses idées (!?)[2]. On a aussi reproché à Bloch d'avoir « ignoré » la Shoah (ce qui n'est pas tout à fait exact ; car la Shoah est bien évoquée par Bloch, dans son livre *Athéisme dans le christianisme* [3](1968) ainsi que les menaces d'une apocalypse nucléaire, inévitable, aux

---

[2] Hans Jonas, *Le Principe responsabilité*, trad. de l'allemand par Jean Greisch, Grasset, Paris, 1993, p. 332, note 1 en bas de page.
[3] Trad. fr. G. Raulet, Gallimard, Paris, 1978.

yeux de l'auteur de *L'Obsolescence de l'homme*, à savoir celles d'un « globocide » (Günther Anders).[4]

Mais les critiques de Jonas visent en réalité beaucoup moins la critique marxiste de l'aliénation, de l'exploitation, des injustices et de la misère (dont Bloch se fait aussi le porte-parole) que la « promesse utopique » blochienne, dans *Le Principe Espérance*, d'une transformation radicale du monde et de l'homme qu'il juge « excessive » et « exagérée » ; car, selon Jonas, les « damnés de la terre », à savoir ceux qui selon Marx « n'ont rien à perdre que leurs chaînes », n'auraient pas besoin de ce rêve de l'« homme nouveau » ou d'un « Royaume de la liberté » sur la terre, afin d'être rédemptés de leur situation par une redistribution des richesses et la socialisation des grands moyens de production, tant ils avaient compris que cela puisse aussi être atteint sous la pression de leur propre solidarité.[5]

Dans ce contexte précis, Jonas ne fait rien d'autre qu'attaquer un des principaux leitmotivs de la pensée blochienne, à savoir le « rêver-en-avant » et la perspective – émancipatrice – générale – des ces « rêves d'un monde meilleur » (titre primitif du *Principe Espérance*, choisi par Bloch, pendant son exil, aux États-Unis). Or, on pourrait, assez facilement, confronter à ce sujet Jonas avec le questionnement suivant : Mais comment les « damnés de la terre » (Frantz Fanon) peuvent-ils s'organiser et résister de manière « solidaire » contre les formes les plus extrêmes de l'exploitation et de l'aliénation, s'ils n'étaient pas guidés en un sens dans leur action par le rêve d'un « monde meilleur » ? Est-il vraiment possible de résister contre les grandes injustices dans ce bas monde, sans aucune référence (directe ou indirecte) à un « idéal utopique», à savoir

---

[4] Cf. l'entretien accordé par Günther Anders au journal DIE ZEIT, en octobre 1986.

[5] Op. cit., p. 333.

au *rêve* de la possibilité d'une vie *autre* sur la terre?[6] À ce sujet, la pensée de Jonas, fondée sur une « heuristique de la peur », s'enchevêtre donc avec des contradictions qu'elle ne peut pas vraiment résoudre, et l'impression se crée que ce déficit soit tout simplement compensé par les attaques répétées contre le néo-marxisme « irréel » et « utopiste » d'Ernst Bloch. Autrement dit, Hans Jonas méconnaît, à notre avis, tout simplement, l'essence même du *messianisme utopique*[7] d'Ernst Bloch, à savoir celle de son *ontologie du non-encore-être* ainsi que les rapports constructifs, dans cette pensée, de l'espérance utopique avec « l'utopie concrète », avec la « conscience anticipante » et une praxis vraiment humaine guidée par les « images de souhait » de la « conscience anticipante », rendue possible par l'intermédiaire de la médiation de la catégorie « possibilité ». Emmanuel Levinas n'a-t-il pas qualifié, à juste titre, cette pensée utopico-messianique de pensée d'« humanity in action »?[8]

Même si, aujourd'hui, l'utopie a, incontestablement, « mauvaise presse », même si le XXe siècle était devenu, en un sens, après Marx, le grand « laboratoire historique de l'expérimentation des utopies », ce vingtième siècle est devenu, contre toutes les espérances produites par les divers courants de la philosophie sociale progressiste du XIXe et du XXe siècle, celui de la « fin des illusions » (François Furet) sinon de la « perversion » des doctrines d'émancipation du XIXe siècle en régimes totalitaires ; même si le socialisme – porteur de cette idée

---

[6] Cf. à ce propos : Arno Münster, *Principe Responsabilité ou Principe Espérance ? (Hans Jonas, Ernst Bloch, Günther Anders)*, Le Bord de l'eau, Lormont, 2011, p. 45-46.

[7] Cf. Arno Münster, *Ernst Bloch, Messianisme et utopie*, PUF, coll. « Philosophie d'aujourd'hui », Paris, 1989.

[8] Cf. Emmanuel Levinas, *La mort et le temps*, Le Livre de Poche, Paris, 1992.

d'émancipation et de progrès, depuis le XIXe siècle (Saint-Simon, Owen , Fourier, Blanqui, Marx/Engels, Lénine, Rosa Luxemburg, Jean Jaurès…) a été énormément discrédité et défiguré par la perversion tyrannique et bureaucratique stalinienne ; même si ses lumières et avec elles, celles de l'utopie, ont été, incontestablement, éteintes, doublement, à l'Est, par la dérive dictatoriale bureaucratico-totalitaire du stalinisme, et, à l'Ouest, par le réformisme « pragmatique » d'une social-démocratie, convertie, majoritairement, au « social-libéralisme », il serait erroné, à notre avis, de capituler et d'accepter avec fatalisme la « mort » – proclamée – de l'utopie, même si cela semble si bien « arranger » les affaires de la classe dominante et surtout celles des banquiers et de la finance. Car, nés à des moments et des époques de crise – c'est ce que nous enseigne, entre autres, la dialectique de l'histoire – les *mouvements utopiques* (comme par exemple celui de « Mai 68 ») pourraient malgré tout, si jamais le mouvement d'exaspération et de désespérance créé par les politiques d'austérité s'amplifiait, en contaminant la grande masse des exclus, des chômeurs, des précaires, des travailleurs et des marginaux, renaître à tout moment (même si le moment où cela se déclencherait est absolument imprévisible), suscitant un ébranlement imprévu du système qui, si jamais il devenait hégémonique, ne serait probablement plus à maîtriser par ceux qui sont au pouvoir, de sorte que les lumières éteintes de l'utopie pourraient, éventuellement, être rallumées, à condition bien sûr que ce mouvement de révolte utopique se constitue réellement en commun comme une force unissant « tous ceux qui n'en peuvent plus et qui attendent que quelque chose se lève pour nous porter ailleurs ».[9] Ce qui présupposerait l'émergence – spontanée – d'un « rêver-en-avant » utopique collectif nourri par l'espérance qu'il serait malgré

[9] Eric Hazan & Kamo, *Premières mesures révolutionnaires,* La Fabrique éditions, Paris, 2013.

tout encore possible d'entamer la construction d'un monde meilleur (alternatif).

N'oublions donc pas ce qu'écrit à ce sujet Ernst Bloch, dans l'Introduction au *Principe Espérance* :

« Il s'agit d'apprendre à espérer. C'est un travail qui ne se relâche pas, car il a l'amour du succès, non de l'échec. L'espoir, supérieur à la crainte, n'est ni passif comme celle-ci, ni prisonnier d'un néant. L'affect de l'espoir sort de lui-même, agrandit les hommes, au lieu de les diminuer, n'en sait jamais assez sur ce qui intérieurement les oriente vers un but, sur ce qui extérieurement peut s'allier à eux. Le travail de cet affect réclame des hommes qui se jettent activement dans le devenir, dont ils font eux-mêmes partie. L'homme ne supporte pas cette vie de chien passif qui se sent jeté dans l'existence, une existence insondée, et même dans certains cas reconnue misérable. Le travail dirigé contre l'angoisse vitale et les machinations de la crainte œuvre contre tous ses instigateurs, pour la plupart faciles à démasquer, et il cherche dans le monde même ce qui peut venir en aide au monde ; et cela peut se trouver ! Avec quelle exubérance n'a-t-on pas de tout temps rêvé d'une vie meilleure qui serait possible. La vie de tous les hommes est sillonnée de rêves éveillés dans lesquels entre certes une part de fuite insignifiante, alanguissante aussi, dont les imposteurs savent tirer parti. Mais il s'y trouve autre chose, qui stimule, qui empêche que l'on s'accommode à l'existant néfaste et que l'on renonce. Cette autre partie a l'espoir pour noyau et elle peut être instruite. (…) Puissent les rêves éveillés s'épanouir plus pleinement encore, car cela signifie qu'ils s'enrichissent exactement du regard lucide ; non qu'ils se sclérosent mais qu'ils deviennent clairvoyants ; non qu'ils se comportent comme l'intelligence purement contemplative (…), mais comme l'intelligence impliquée qui les prend telles qu'elles évoluent et peuvent dès lors s'améliorer. Puissent donc les rêves éveillés réellement s'enrichir, c'est-à-dire devenir toujours plus clairs, être moins laissés au hasard, être mieux connus, mieux compris et mieux médiatisés avec le cours des choses ».[10]

Arno Münster

Nice, le 19 décembre 2014

[10] Ernst Bloch, *Le Principe Espérance,* vol. I, trad. de l'allemand par F. Wuilmart, Gallimard, Paris, 1976, p. 8-9.

I - DU « SE-COMPRENDRE-EN-EXISTENCE » DE KIERKEGAARD ET DU CONCEPT D'« ANGOISSE » DE HEIDEGGER À L'ONTOLOGIE DU NON-ENCORE-ÊTRE D'ERNST BLOCH.

Considéré comme le grand philosophe – marxiste – de l'utopie et de l'espérance, Ernst Bloch[11] qui dans son œuvre immense a jeté un pont des rêves diurnes à la praxis, de la métaphysique au matérialisme et de la mystique vers une théorie de l'émancipation et de la transformation du monde, occupe, incontestablement, dans l'histoire de la philosophie contemporaine du XXe siècle, une position originale. Sa tentative de conciliation de « l'esprit utopique » avec l'expressionnisme, et le socialisme, de la religiosité avec l'athéisme, du romantisme révolutionnaire avec le marxisme, et de la mort avec l'apocalypse est vraiment unique dans son genre. Autrement dit : l'originalité de la pensée d'Ernst Bloch consiste non seulement dans la tentative de redéfinir le marxisme comme « morale » (ce qui le rapproche en un sens de Jean Jaurès !), mais aussi dans le fait d'avoir défié le marxisme orthodoxe et dogmatisé, notamment en opposant au « courant froid », « détectiviste », de la critique marxiste de l'économie politique, le « courant chaud » (Wärmestrom) du socialisme éthique ainsi que la vision fraternelle d'un « socialisme à visage humain » à la statolâtrie froide et bureaucratique des pays du « socialisme

[11] Conférence prononcée le 7 mai 2014, à l'Université Catholique de Milan, au Colloque International « Esistenza ed Identità », organisé par le professeur Massimo Marassi. « Rivista di Filosofia Neo-thomista », Milan, 2015 (trad. de l'italien par l'auteur, A.M.)

réellement existant ». En outre, il tente de réconcilier la méthode « scientifique » du matérialisme historique et dialectique (fondée par Marx et Engels, au milieu du XIXe siècle) avec l'existentialisation du problème du sens de la vie. Le trait caractéristique de cette « existentialisation » à laquelle procède Ernst Bloch, notamment dans ses premiers écrits, est évidemment le fait qu'ici le « topos » principal de cette pensée revendiquant les utopies est le sujet humain et non pas l'économie. Ce qui explique, entre autres, pourquoi le jeune Bloch, à savoir le Bloch de *L'Esprit de l'utopie* (1918/1923), concevait par exemple la *rédemption* comme un acte de libération et d'émancipation non seulement d'une classe sociale, économiquement opprimée et exploitée, mais surtout comme un acte de libération du sujet dans l'horizon de l'émergence de l'esprit utopique et de la réalisation de « l'utopie concrète » dans l'histoire.

Le point de départ d'Ernst Bloch, dans *L'Esprit de l'utopie*, est bien le constat que « nous vivons, mais nous ne savons pas pourquoi ; que nous mourons, mais ne savons pas vers quel but nous allons. »[12] Lorsque Bloch introduit ici pour la première fois le concept d'« obscur du moment vécu » (Dunkel des gelebten Augenblicks), il fait clairement allusion à cette situation ontologique existentiale (fondamentale) de l'homme, dans notre monde moderne, dominé par la « Zweckrationalität » (Max Weber), c'est-à-dire aux souffrances humaines dans le chaos de la vie quotidienne, ainsi qu'à l'exister difficile d'une vie « devenue vide » qui oscille en permanence de manière « insensée » et qui ne connaît pas son destin. Dans la Préface à ce livre, cet « obscur du moment vécu » est en effet identifié avec la « rencontre-de-soi-même » (Selbstbegegnung), avec le « problème absolu et inconstructible » ainsi qu'avec le

---

[12] Ernst Bloch, *L'Esprit de l'utopie* [1923], trad. de l'allemand par Anne-Marie Lang et Catherine Piron-Audard, Gallimard, Paris, 1977, p. 9.

« problème du nous en nous-mêmes ».[13] Dans ce contexte précis, Bloch évoque aussi – et cela ne relève pas du tout du hasard ! –, en affinité apparente avec la « descente du Moi au fonds divin et naturel » de la mystique de Maître Eckart, le « chemin intérieur » que représente cette « rencontre-de-soi-même, capable de « rompre avec l'erreur du monde ». Mais à cette « verticalité intérieure » qui devait dépasser l'aliénation du sujet, correspondrait, toujours selon Ernst Bloch, une verticalité extérieure qui garantit l'extension de l'âme, c'est-à-dire la fonction extérieure, cosmique de l'utopie, dirigée contre la misère, la mort et l'empire de la nature. L'évocation, dans ce contexte précis, de notre « lumière intérieure » atteste bien l'inspiration mystique (partielle) de Bloch et aussi l'influence incontestable du néoplatonisme et de la Kabbale juive sur la pensée du jeune Ernst Bloch. Rappelons seulement, à ce propos, que le *Livre Zohar* (le livre des « Splendeurs » de la Kabbale) évoque fréquemment la présence dans notre for intérieur d'une « étincelle divine » nous illuminant de l'intérieur, et d'une « flamme » nous unissant avec la Vérité et la présence divine (Schekhina). Mais, contrairement à un Jacob Boehme, qui, avec ses méditations mystiques, nous conduit régulièrement au « tréfonds originaire » (Ungrund), c'est-à-dire à l'union de Dieu avec la nature, Bloch souligne plutôt la sortie du sujet des *ténèbres du moment vécu* (Dunkel des gelebten Augenblicks) vers la clarté, vers l'éclaircie, autrement dit, le processus dynamique intérieur qui est bien à l'origine de la sortie de l'intériorité vers l'extérieur, en évoquant dans ce contexte même un élément « démonique créatif » qui serait tout à fait caractéristique de « l'esprit messianique originaire » présent « dans notre plus vraie profondeur ».[14] Évidemment, Bloch est conduit ici par la conviction que dans le processus même de la créativité, la

---

[13] Op. cit., p. 11.
[14] Op. cit., p. 220.

limite vers le « non-encore-conscient » (Noch-nicht-Bewusstes) puisse être dépassée, puisque, dans le paragraphe cité de *L'Esprit de l'utopie*, il compare d'une manière explicite ce processus d'éclaircissement à une « fermentation a priori dans nous-mêmes et dans « l'être-existence-en-soi-même » (Existenz-Sein an sich selbst) qui permettrait d'allumer cette « lumière vécue identique » et d'« ouvrir la porte d'entrée à soi-même. »[15] La nostalgie, l'attente, l'espérance utopique et « l'étonnement » sont indubitablement toujours présents et « actifs », dans ce processus de fermentation et d'éclaircissement. Mais le jeune Bloch – et cela atteste, incontestablement, son côté « mystique » –, évoque à ce propos également une « latence agissant dans le « nunc » Jetzt) (maintenant) du « mystère originaire-en-soi-même, c'est-à-dire de « l'éclaircissement de l'obscur et de sa latence qui comporterait tout, par exemple dans l'étonnement immédiat. » Ce qui prouve aussi l'adhésion du jeune Ernst Bloch à la métaphysique et notamment à une « métaphysique exclusivement réservée au Messie ».[16]

---

[15] Op. cit., p. 221.
[16] Op. cit., p. 228.

I. 1 - ERNST BLOCH ET KIERKEGAARD

En réalité, la pensée du jeune Bloch oscille en permanence entre cette métaphysique utopico-messianique (influencée par le messianisme juif et la Kabbale) et une pensée ontologique de l'existence et de l'être-dans-le-monde, qui est fortement influencée par Kierkegaard, et, à un moindre degré, aussi par Heidegger. Son insistance sur *l'être-dans-l'existence-de-soi-même* révèle évidemment des affinités significatives de la pensée blochienne, dans sa phase pré-marxiste (1910 à 1918), avec la philosophie (chrétienne, protestante) de *l'existence* de Kierkegaard qui mériteraient d'être mises en évidence. Ainsi il ne relève pas du tout du hasard que Kierkegaard soit cité au moins quinze fois dans *L'Esprit de l'utopie* (dans ses deux versions de 1918 et de 1923). La lecture attentive des pages 240 et 241 de ce livre atteste aussi à quel point le jeune Ernst Bloch était vraiment fasciné par le *pathos existentiel* qui émane des écrits du grand philosophe danois qui – paradoxalement – est comparé par Bloch au pathos de Kant. « Seul », nous apprend Kierkegaard, « le connaître qui a avec notre existence un rapport essentiel, est connaître essentiel, pathos existentiel, au regard duquel toute la procession impassible, aliénée, systématique ne signifie rien de plus qu'une processuelle sortie, mensongère et facile, hors de l'immédiat d'où sondant nos reins et nos cœurs, la vérité nous observe ; ou encore, selon la formulation solennelle que Kant donne de ce pathos purement existentiel : 'Dieu et l'autre monde sont l'unique but de nos recherches philosophiques, et si les concepts de Dieu et de l'autre monde n'étaient pas liés à la morale, ils ne serviraient à rien'?»[17] Fasciné par cette « magie subjective du sujet par lui-même », Bloch exalte, dans une proximité significative à l'égard de Kierkegaard, un

[17] Op. cit., p. 241.

« nouveau concept d'évidence intérieure », qui (...) « porte en lui la volonté enfin éveillée d'atteindre l'esprit humain, au lieu du monde et de l'esprit du monde ; et qui confirme le primat de la raison pratique mystique jusque et justement sur les plus hauts sommets de la métaphysique ».[18]

« Seul Kierkegaard », soutient Bloch, « a largement dépassé ce qui nous est en fin de compte étranger ; il est notre Hume pour sa manière inégalable de nous réveiller, plus définitivement encore que l'autre, du sommeil dogmatique. »[19] C'est lui, le philosophe danois, qui a su vraiment nous faire découvrir l'essence de *l'être-nous-mêmes-en-existence* : « Nous sommes : tel est notre souci, celui où il en va vraiment de ce qui est fondamental ; (...) ce n'est que dans la part trouble, dans le chatoiement de l'être-là, ressenti et intériorisé, que l'on rejoint le véritable infini, l'immédiat, là seulement la vérité nous regarde en face : celle-ci est morale, elle est caractère ».[20] Kant et Kierkegaard penseraient donc tous deux que le « noyau » de l'intériorité [subjective] serait rempli d'« utopie confuse, tout enchevêtré dans l'obscur de l'instant vécu lui-même ».[21] Ce qui nous frappe à la lecture de ce paragraphe de *L'Esprit de l'utopie*, c'est sans nul doute cette « étrange » volonté du jeune Ernst Bloch de faire, au sujet du problème de la subjectivité et de l'intériorité subjective, une synthèse entre Maître Eckart, Kierkegaard et Kant, une synthèse qui culminera, évidemment, dans le postulat de la nécessité d'élaboration d'un nouveau concept de « raison pratique mystique » (mystische praktische Vernunft). Il est incontestable que cette tentative de synthèse soit quand même assez risquée, vu qu'un abîme profond sépare toujours l'approche rationaliste de Kant de l'approche ontolo-

---

[18] Ibid.

[19] Op. cit., p. 240-241.

[20] Op. cit., p. 241.

[21] Ibid.

gico-existentielle religieuse de Kierkegaard et de la spiritualité mystique de Maître Eckart. Ceci dit, le jeune Bloch semble être disposé à assumer volontairement ce risque, persévérant – contre vents et marées – dans la défense du primat d'une subjectivité métarationnelle mystique, religieuse, défiant en même temps aussi le point de vue néo-kantien de l'objectivation de la science, avec son intention d'objectiver aussi la présence de Dieu.

Autrement dit, à l'effort de la science de tout objectiver – et cela implique évidemment un certain défi à l'égard de Hegel –, le jeune Bloch oppose la subjectivité du « Moi s'étonnant » se déployant, comme Bloch le souligne, dans un paragraphe difficile et presque ésotérique de *L'Esprit de l'utopie*, dans « ce massif montagneux que l'étonnement érige spontanément en nous »[22]. On y reconnaît, immédiatement, le concept classique de « l'étonnement » qui chez Platon désigne le vrai moment initial de la pensée, c'est-à-dire du « philosopher ». Mais cet « étonnement » comporte, chez Ernst Bloch, à la différence de Platon, une dynamique intrinsèque, qui oppose à la connaissance abstraite – conceptuelle – de la métaphysique classique et moderne une connaissance essentialiste, c'est-à-dire une métaphysique messianique.[23] Par le biais de cette métaphysique messianique, Bloch s'efforce alors de relier la vieille nostalgie juive de Jérusalem libérée à une pensée existentielle de notre *Dasein* (être-là) dans le monde dont le caractère énigmatique n'est pas vraiment éclairci. Et pour cela, il évoque encore une fois Kierkegaard comme témoin.

Ce qui frappe, à propos des lectures kierkegaardiennes d'Ernst Bloch, c'est que Bloch ne cite pas toujours, avec exactitude, ses sources et ses références, mais un examen rigoureux de ses citations des œuvres du grand philosophe

---

[22] Op. cit., p. 239.
[23] Op. cit., p. 240.

danois révèle que les œuvres kierkegaardiennes les plus souvent citées par le jeune philosophe allemand, dans le cadre précis de l'esquisse d'une métaphysique de l'intériorité et de l'exister, sont : Les *Miettes philosophiques* (y compris le long commentaire kierkegaardien des *Miettes), Ou bien ou bien* (Entweder – oder), *La Maladie de la mort (Traité du désespoir)* et l'essai *Le Concept de l'angoisse.* Le livre *Ou bien – ou bien* (Entweder – oder), avait été publié en traduction allemande, faite par Christoph Schrempf, en deux parties, respectivement en 1911 et 1913. La même année 1911, l'éditeur Diederichs d'Iéna, l'éditeur des *Œuvres complètes* (Gesamtausgabe) de Kierkegaard, en langue allemande, avait publié *La Maladie de la mort* (Die Krankheit zum Tode) (*Traité du désespoir*) (vol. VIII). Cette parution avait été précédée par la publication, en 1910, des *Miettes philosophiques,* traduites par H. Gottsched, et du célèbre *Postscriptum non-scientifique aux Miettes philosophique* (comme vol. VI et VII des Œuvres Complètes). En revanche, *Le Concept d'angoisse*, traduit par Christoph Schrempf, n'a été publié qu'en 1923 (comme vol. V). Il peut donc être considéré comme certain qu'Ernst Bloch ait lu, entre 1910 et 1914-16, les *Miettes philosophiques*, le *Postscriptum aux Miettes*, et les livres *Ou bien – ou bien* et *La Maladie de la mort,* pendant ses études et travaux préparatoires le conduisant à la rédaction de *L'Esprit de l'utopie* (commencé tout d'abord à Garmisch (près de Munich) (1914-1917), puis à Interlaken (en Suisse) (1917-1918). (*Le Concept d'angoisse*, texte souvent cité dans *Le Principe Espérance*, n'a été lu par Bloch que vers la fin des années 20).

Il ne relève donc pas du tout du hasard que Bloch, dans *L'Esprit de l'utopie* et surtout dans le chapitre du tome III du *Principe Espérance* intitulé « Ondoiement et rigueur en rapport avec le bien suprême », évoque à plusieurs reprises le concept kierkegaardien d'« ondoiement » (Schwebung), en citant le paragraphe des *Miettes philosophiques* où Kierkegaard décrit « l'ondoyance de l'Ultime dans le Dedans et le Dehors », en soulignant « l'écho du silence qui résonne en soi » et la « semi-clarté de la brume nocturne ».[24] L'autre concept kierkegaardien qui a apparemment également fasciné le jeune Bloch, pendant ses lectures des oeuvres de Kierkegaard, c'est évidemment le concept de « condensation dans l'exister » et de « l'intériorité dans l'être-là » (figurant dans *La Maladie de la mort* (Die Krankheit zum Tode) (Œuvres, *Werke* VIII, Diederichs, Iéna, 1911) qui est aussi un concept-clef de la philosophie blochienne de la « rencontre-de-soi-même ». Ici, l'inspiration du jeune Bloch auprès du philosophe danois est claire et indiscutable.

Le passage cité du *Principe Espérance* et toutes les autres citations des œuvres de Kierkegaard figurant dans *L'Esprit de l'utopie*, prouvent pour l'essentiel deux choses : 1° que le concept blochien de « rencontre-de-soi-même » (Selbstbegegnung), tel qu'il figure comme leitmotiv dans *L'Esprit de l'utopie*, est directement tiré et inspiré de Kierkegaard, non seulement du livre *La Maladie de la mort* (Traité du désespoir) », mais aussi des *Miettes philosophiques » (Werke (Œuvres),* t. VI *;) 2°* que la principale intention philosophique blochienne n'est cependant pas de se renfermer complètement sur l'intériorité subjective – religieuse – kierkegaardienne de la « rencontre-de-soi-même-en-existence », mais de dépasser et de transcender l'auto-concentration subjective (et mystique) du sujet sur soi-même, par le biais de la médiation de la subjectivité (intérieure) avec le « modelage de l'existence en paysage », à l'extérieur.[25]

---

[24] S. Kierkegaard, *Philosophische Brocken* [Miettes philosophiques"] Werke VI, Diederichs, Iéna, 1910, p. 307. Cf. Ernst Bloch, *Le Principe Espérance,* vol. III, Gallimard, Paris, 1991, p. 511.
[25] Ernst Bloch, Op. cit., vol. III, p. 512.

Comme le souligne Ernst Bloch, « si le » discours énigmatique ainsi énoncé [par Kierkegaard] sort de la simple intériorité du *se-trouver-dans-l'existence*, c'est précisément parce qu'il colle tellement à l'existence. Il découvre aussi que « l'objectal » que sont « le vent dans la nuit, la brume nocturne, la tranquillité du ciel », est existentiel et que l'homme n'est pas un être solitaire, mais plongé dans un environnement inhumain. Si avec son *angoisse*, sa maladie mortelle, son désir de valeur et de salut, il était plongé dans un univers en disparité totale avec tout cela, l'univers ne contiendrait pas cette racine de l'existence immédiate à laquelle l'homme se raccroche lui-même, et qu'il est lui-même. Dès lors l'évènement vespéral purement représentatif – que relate Kierkegaard – serait impossible, avec son *ondoyance* qui se rencontre à l'extérieur et avec le contenu de cette ondoyance, qui ne reste pas intériorité. Anima mea : cette naissance et ce refuge de l'existence consciente de soi, vit aussi au foyer de l'Objet ; c'est là aussi que son Infini rencontre le Fini. Là où l'on progresse vers une telle rencontre de Soi, le *comprendre-soi-même-en-existence* cesse d'être intériorité, et le monde extérieur cesse de paraître hostile et inhospitalier, il ne se ferme plus à la médiatisation que recherche l'émergence de notre intérêt pour la Valeur.[26]

Si le jeune Bloch commente donc, avec une ferveur telle, ce concept kierkegaardien de « l'ondoiement » des *Miettes philosophiques* ainsi que le concept de « brouillard de la nuit », comme métaphore pour ce mouvement parti de l'intériorité subjective et s'extériorisant, progressivement, dans un rapport dialectique, permettant l'union (mystique) du fini avec l'infini, il le fait parce qu'il est convaincu que le « summum bonum », le « bien suprême », existe seulement comme « question » et comme « *Chiffre* qui est en

---

[26] Op. cit., p. 511-512.

émergence vers sa solution. »[27] À cet « ondoiement », s'oppose à coup sûr, la « figure de dureté métaphysique », mais cette figure « n'est pas moins utopique, même si ce qui est encore voilé en elle a une forme ».[28]

Selon Bloch, les figures de la perfection que l'homme tente de cerner dans la réalité gardent toujours cette semi-transparence propre à la brume nocturne et dans laquelle le visage de la Fin chez Kierkegaard se voile de manière objective. L'archétype utopique du définitif positif ne se manifeste jamais que sous forme de mystère dans toutes les formes historiques qu'il a prises ; et l'ondoyance y devient hermétisme patient.[29] Bloch va en effet jusqu'à prolonger ces réflexions sur *l'ondoyance* de Kierkegaard et sur le summum bonum jusqu'à l'évocation de la doctrine de l'image du repos du Devenu-Bon du bouddhisme et de l'interprétation du Souverain Bien par l'hindouisme. (Bouddha : « c'est la figure du repos extrême conçu comme accès au souverain Bien »).[30]

Ainsi, Bloch réussit-il, incontestablement, à jeter un pont de la christologie (protestante) kierkegaardienne, de cette pensée de la subjectivité complètement concentrée sur elle-même, de cette pensée de la *faute, de la culpabilité* et du *péché* (qui prédomine dans *La Maladie de la mort* et *Le Concept d'angoisse*, de cette pensée existentielle de la *rencontre-de-soi-même* et du *se-comprendre-en-existence*, vers la doctrine du *Nirvana* du bouddhisme. Et, en ce faisant, Bloch « rechute » pour ainsi dire, aussi, philosophiquement, lors de la rédaction du IIIe et dernier volume du *Principe Espérance* (s'achevant avec un chapitre intitulé « Karl Marx et la dignité humaine »[31]), vers son œuvre et sa pen-

[27] Op. cit., p. 511.
[28] Op. cit., p. 513.
[29] Op. cit., p. 514.
[30] Op. cit., p. 515.
[31] Op. cit., pp. 533-560.

sée de jeunesse, alors que presque trente ans le séparent déjà de l'année de la publication de la première édition de *L'Esprit de l'utopie* (1918) et plus de 25 ans de sa « conversion » au marxisme.

Ce qui frappe aussi, à propos de ces lectures kierkegaardiennes à bien des égards « surprenantes » d'Ernst Bloch, c'est que ces « inspirations » et commentaires se limitent quand même à quelques motifs de pensée et concepts-clés du philosophe danois, à savoir, comme nous l'avons montré plus haut, à la reprise du concept de « *se-comprendre-en-existence* » ou bien celui de « *l'ondoyance* » ou de « *l'angoisse* », au détriment des autres concepts-clés de cette philosophie existentielle de la subjectivité intériorisée et de sa dialectique spécifique, comme par exemple celle décrite par le concept de « saut » (Sprung), forgé spécialement par Kierkegaard pour défier la dialectique hégélienne de la *médiation.* Pendant ses années d'études, Kierkegaard avait fréquenté et suivi surtout les cours de Schelling à l'université de Berlin, et tout porte à croire qu'il partageait plutôt l'aversion de Schelling contre la dialectique de Hegel, le « philosophe prussien de l'Etat ». En outre, il nous semble aussi être significatif que Bloch procède, précisément dans le chapitre du *Principe Espérance* du IIIe volume consacré à Goethe, toujours à propos de Kierkegaard, à un élargissement et un approfondissement du concept de « l'intériorité profonde » vers « l'être-là (Dasein) d'une productivité intérieure de type « démoniaque », décrite non pas comme enivrement mais comme enthousiasme. Il s'agirait là de l'enthousiasme du génie « créateur du nouveau », à savoir d'un enthousiasme qui « possède de la conscience, la connaissance du contenu objectif qu'elle communique, et la fidélité envers le but ». Ce serait finalement « cette démonie positive qui chez Goethe gouverne les multiples manifestations de l'expérience démonique de l'homme et de la créativité ».[32] En reliant ce chapitre du *Principe Espérance* à l'un des paragraphes déjà cités de *L'Esprit de l'Utopie*, Bloch finira enfin par identifier ce « démonisme propice du génie » avec le « démonisme de la lumière » où « l'horreur serait le début du beau et non pas sa fin ». Selon Ernst Bloch, il s'agirait ici en effet d'une force contre laquelle « toutes les forces éthiques coalisées ne peuvent rien faire », et aussi d'une productivité d'espèce suprême, celle évoquée par Goethe, entre autres, dans ses *Conversations avec Eckermann* où il est en effet question du « démonique » comme « réceptacle reconnu digne d'accueillir l'influx divin ».[33] *Le Faust* de Goethe, *La Symphonie héroïque* de Beethoven ou *La Comédie Divine* de Dante seraient bien, à ce propos, les « symboles » et l'incarnation de cette productivité démonique.[34] Et chaque figure, chaque création de cette productivité démonique, n'est qu'« un être en puissance » (potentialité). On peut être surpris que cette réception plutôt positive de plusieurs concepts de la philosophie kierkegaardienne ne soit pas nuancée de critiques comparables à celles exprimées par exemple par Adorno, dans son livre *Kierkegaard – Construction de l'esthétique*[35] [1933], où le philosophe de Francfort procède à une critique marxiste de cette philosophie du repli (bourgeois) sur l'intériorité subjective et religieuse. À ce propos, Adorno évoque, entre autres, en la critiquant, « l'intériorité sans objet »[36] de la pensée kierkegaardienne ». (Il s'agirait, selon Adorno, en réalité de « l'aliénation » du sujet et de l'objet). Mais, pour dissiper

---

[32] Op. cit., p. 90.
[33] Op. cit., p. 91.
[34] Op. cit., p. 92.
[35] T.W. Adorno, *Kierkegaard. Konstruktion des Ästhetischen*, Francfort, Suhrkamp, 1962.
[36] Op. cit., p. 51. « Il n'y a chez Kierkegaard ni un sujet-objet au sens hégélien ni des objets de l'étant ; il n'y a qu'une subjectivité isolée enfermée par l'être-autre obscur. » (Op. cit.,p. 55)

tout malentendu, il est indispensable de souligner aussi l'insistance de Bloch (notamment dans le chapitre 55 du *Principe Espérance*, intitulé « Karl Marx et l'humanité ») sur le fait que malgré son grand intérêt pour les motifs existentiels de la pensée kierkegaardienne, il n'aurait pas vraiment l'intention de classer Marx comme le « parent pauvre de Kierkegaard ». Effectivement, plus de vingt ans séparent la rédaction de *L'Esprit de l'Utopie* (1918) de celle du *Principe Espérance* (1959 ; tr. fr., 1976), et l'auteur de cette grande trilogie philosophique (dont le premier tome comporte l'esquisse d'une philosophie de la praxis, à partir d'un commentaire extraordinairement érudit des *Onze Thèses de Marx sur Feuerbach*) n'est plus le même homme que celui qui avait rédigé, en compagnie de son épouse Else von Stritzky-Bloch (une chrétienne protestante mystique, piétiste, née à Riga), à Garmisch (1916-1917), puis en Suisse (en 1917-1918), ce grand premier livre dont un des concepts-clés est « la rencontre-de-soi-même » et une « philosophie de la musique », focalisée également sur les formes d'expression d'une subjectivité pure ; car entre temps, c'est-à-dire vers 1923/24, Bloch s'était, évidemment sous l'influence déterminante de son ami de jeunesse Georges Lukacs, « converti » au marxisme, mais sans adhérer réellement au Parti Communiste, ce qui lui épargna d'être contraint par les apparatchiks du parti de présenter constamment, comme dans le cas de Lukacs, son « autocritique ». Évidemment, Bloch, était déterminé à maintenir au maximum, malgré cette « conversion », l'unité de son œuvre et d'intégrer autant que possible les grands concepts de sa pensée de jeunesse (pour une partie d'inspiration kierkegaardienne) dans sa nouvelle vision matérialiste (marxiste et humaniste) de *l'émancipation* et de la *rédemption* de l'humanité. C'est cet effort qui nous fait comprendre pourquoi, après un pénultième chapitre consacré pour une grande partie encore à Kierkegaard et son concept d'« ondoyance », le IIIe volume du *Principe Espérance* s'achève avec un grand chapitre (chapitre 55) consacré à « Karl Marx et l'humanité »[37] où Bloch exprime son adhésion, sans aucune réserve, à la dialectique théorie-praxis du matérialisme historique et dialectique et en même temps à cette grande vision du « rêver en avant » (nach vorwärts träumen) qui ne devrait cependant pas être confondue avec le « wishful thinking », mais qui devrait plutôt être comprise comme anticipation concrète des possibilités de construire un monde autre sans maîtres et esclaves, sans exploitation et aliénation, sans domination et violence.

« Le marxisme », conclut à ce propos Bloch, « est à la fois le détective et le libérateur », il aborde le « rêve de l'Âge d'Or sous l'angle de la pratique. » Et « si l'essence réelle de la teneur de l'espérance » – c'est la ferme conviction d'Ernst Bloch – s'engage suffisamment dans l'existence (…), le lieu d'accès riche à la fois de sa prose et de sa valeur symbolique s'appelle société sans classes – jusque ad finem. »[38]

---

[37] Cf. Ernst Bloch, *Le Principe Espérance,* t. III, p. 533 – 560.
[38] Op. cit., p. 553.

I.2. ERNST BLOCH, KIERKEGAARD ET HEIDEGGER

En ce qui concerne la question des rapports philosophiques d'Ernst Bloch avec la pensée existentielle de Kierkegaard et l'ontologie phénoménologique existentiale de Heidegger, force est de constater que Ernst Bloch, contrairement à Adorno qui, dans son essai *Kierkegaard. La construction de l'esthétique*, défend explicitement la dialectique hégélienne contre « l'intériorité privée de tout objet » du philosophe danois (dont il critique, dans une perspective matérialiste (marxiste), la « subjectivité isolée, repliée sur elle-même »[39]), loin d'appliquer la même critique marxiste, défend encore, dans *Le Principe Espérance*, son œuvre majeure, le concept kierkegaardien du « se-comprendre-en-existence », comme phénomène du « vécu des affects religieux-moraux », contre les « abstractifications objectives » de Hegel. Dans cette même perspective, Bloch oppose aussi, ce qui peut paraître problématique, Kierkegaard à Heidegger, en exprimant une prédilection assez claire pour le concept des « affects vécus » de Kierkegaard, et en critiquant en même temps ce qu'il appelle, polémiquement, « la phénoménologie animale et petite-bourgeoise de l'expérience » de Heidegger et son « sentiment de la situation » : l'angoisse, accompagnée du souci ».[40] Tout cela ne traduirait finalement qu'un « subjectivisme pourri ».[41] Il oppose donc « l'existentialisme réactionnaire et petit-bourgeois » (!) (celui de Heidegger) à la pensée existentielle de Kierkegaard qualifiée de « foncièrement honnête », avec « sa revendication du primat de la pensée subjective et

[39] T.W. Adorno, *Kierkegaard. Konstruktion des Ästhetischen*, Suhrkamp, Francfort, 1962, 1974, p. 55.
[40] Ernst Bloch, *Le Principe Espérance,* vol. I, trad . de l'allemand par F. Wuilmart, Gallimard, Paris, 1976, p. 93.
[41] Ibid.

affective sur la pensée purement objective ».[42] Il critique aussi, dans ce contexte précis, le rejet des affects par Descartes et Spinoza, « penseurs objectifs et rationnels ».

Bloch se range donc volontairement du côté de Kierkegaard, en affirmant que « toute connaissance de soi suppose nécessairement l'existence de contacts entre l'intellect et les affects, et dans tous les cas où l'homme a voulu accéder à une connaissance complète de soi, ces contacts se sont établis ».[43].

Et en citant comme exemple la *Phénoménologie de l'Esprit* de Hegel, Bloch insiste et signe pour ainsi dire, en concluant que « rien de grand ne peut être accompli sans passion, rien de grand concernant le Soi ne pourra certainement être compris sans sondage de la vie affective ».[44]

Cette pique polémique contre Heidegger, accompagnée de la défense du concept kierkegaardien du « comprendre-soi-même-dans-l'existence » – focalisée aussi sur le concept heideggérien de la « Stimmung » (disposition) – atteste en effet les fortes réserves a priori exprimées par Bloch à l'égard du philosophe souabe du « Dasein », et si ainsi le « bon Kierkegaard » est fréquemment et presque systématiquement opposé par Bloch, dans *Le Principe Espérance*, au « méchant » et « réactionnaire » Heidegger », cela ne peut pas être vraiment compris et expliqué sans référence au contexte politique de l'époque de la rédaction, dans l'exil nord-américain, du *Principe Espérance*, entre 1938 et 1945. Autrement dit : L'aversion de Bloch, son « ressentiment » contre le « gardien de l'être de Todtnauberg » et son œuvre n'est, du moins pour une grande partie, que le produit de l'indignation de l'émigré antifasciste juif qu'était Ernst Bloch, contraint à l'exil, en mars 1933, face à l'allégeance

---

[42] Ibid.

[43] Op. cit., p. 94.

[44] Ibid.

de Heidegger au nazisme, avec son « Discours du Rectorat », prononcé, à l'université de Fribourg, en avril 1933 ; elle n'est que la traduction, en termes philosophiques, de sa condamnation politico-morale des inacceptables compromissions politiques de Heidegger, comme recteur de l'université de Fribourg (de 1933 à 1934), avec le nazisme. Ce traumatisme politique a sans aucun doute aussi stimulé Bloch à formuler une critique si sévère contre *Être et Temps* (Sein und Zeit), le chef-d'œuvre philosophique de Martin Heidegger, publié en 1927.

Mais cette polémique – qui complète celle d'Adorno, exprimée, entre autres, dans l'essai *Le Jargon de l'authenticité*[45] et le grand chapitre consacré à l'ontologie de la *Dialectique Négative*[46] (1966) – a aussi, incontestablement, une dimension purement philosophique ; car la lecture des pages 137 à 138 du tome premier du *Principe Espérance* atteste aussi la volonté explicite de Bloch de se confronter, sincèrement et radicalement, aux thèses exposées par Heidegger, dans *Sein und Zeit*, et notamment avec le concept heideggérien de la « Stimmung » (disposition) et d'« humeur », dans le sillage de ses réflexions consacrées aux affects d'attente (angoisse, crainte, effroi, désespoir, espoir, confiance dans l'avenir) et le rêve éveillé. [47] Cette confrontation est, pour une grande partie, menée avec le contenu du paragraphe 29 de *Sein und Zeit*, et au cours de cette lecture critique, Bloch n'hésite pas à souligner le « caractère problématique et insuffisant » de ce concept heideggérien, de condamner son caractère « ondoyant» et « fluctuant », et de le stigmatiser aussi comme « déprimant »,

[45] T.W. Adorno, *Jargon de l'authenticité : de l'idéologie allemande,* trad. et préface d'E. Escoubas, postface G. Petitdemange, Paris, Payot, 1989.
[46] T.W. Adorno, *Dialectique Négative*, trad. groupe de traduction du « Collège de Philosophie », Payot, Paris, 1978.
[47] Op. cit., p. 135 sq.

« s'écartant d'office de toute tendance à l'éclaircissement de l'humeur, pour n'en faire ressortir que l'état d'accablement ».[48]

Bloch s'en prend explicitement à l'assertion de Heidegger, dans le § 29 de *Sein und Zeit*, où Heidegger affirme, entre autres : « Ce que nous désignons ontologiquement sous le nom de sentiment de la situation est *ontiquement* le plus connu et le plus commun des phénomènes quotidiens : *l'humeur,* la *disposition* ».[49] Cette critique des concepts d'humeur et de disposition est ensuite étendue par Bloch, dans sa lecture critique, vers les concepts de « l'existence comme fardeau » et d'« ennui », avec lesquels Heidegger ne décrit pas, phénoménologiquement, comme il le prétend, « la misère de l'humanité tout entière, mais uniquement celle d'une petite-bourgeoisie privée de lumière et d'espérance ». À ce propos, Bloch cite aussi un passage (paragraphe) de *Was ist Metaphysik ?,* où Heidegger[50], tente de mesurer la profondeur de « l'abîme » que représente un tel sentiment de situation : « L'ennui profond, essaimant comme un brouillard silencieux dans les abîmes de la réalité humaine, rapproche les hommes et les choses et vous-mêmes avec tous, dans une indifférenciation étonnante. Cet ennui révèle l'existant dans son ensemble ».[51] À ce propos, Bloch regrette, chez Heidegger, l'absence, dans cette conception de l'existence comme ennui et sentiment de situation près de l'abîme, de toute « trace de souhait », sans lequel cet état diffus des affects (…) ne peut pourtant exister. « Mais avec le souhait c'est justement la couleur indispensable aux rêves éveillés qui disparaît ici ».[52] Mais, « cette « indifférence grise », et même cet ennui qui révèle

---

[48] Op. cit., p. 132.
[49] M. Heidegger, *Sein und Zeit*, Tübingen, 1927, p. 134.
[50] E. Bloch, Op. cit., p. 132.
[51] Heidegger, *Was ist Metaphysik* ?, p. 16.
[52] Op. cit.,p. 133.

prétendument l'« existant dans son ensemble », n'est pas le propre de toute grisaille quotidienne quelle qu'elle soit(...). Une telle humeur de grisaille quotidienne serait au contraire, essentiellement, sinon exclusivement, inhérente à l'entreprise capitaliste mécanisée. Mais même à l'intérieur même de cette entreprise, on retrouverait, à côté de cette indifférence, voire au-delà du fardeau indéniable que représente une existence ainsi conçue, « la même cacophonie de sentiments pulsionnels vivants qui est au fond la première à pouvoir composer l'humeur, et c'est en elle que l'inclination au rêve, c'est-à-dire au rêve éveillé, trouve enfin son médium ».[53] Bloch met ici l'accent sur le fait que le sujet des *rêves diurnes* est toujours animé par la volonté d'une vie meilleure, c'est-à-dire une volonté qui reste consciente de son intensité, bien que « de manière variable ».[54]

On entrevoit bien que les points de vue respectifs des deux grands philosophes allemands du XXe siècle, relativement à la situation ontologique fondamentale (Grundbefindlichkeit) de l'homme, à la Stimmung (disposition) et à « l'angoisse » (Angst), comme existential déterminant le quotidien, sont si éloignés qu'une synthèse, une conciliation ou une harmonisation de ces deux visions du monde philosophiques, ne semblent guère être possible. Cela semble impossible, parce que, pour Heidegger, la situation ontologique fondamentale de l'homme, dans notre modernité, est essentiellement déterminée par l'angoisse, par le désespoir et le sentiment de tomber dans l'abîme du Néant (Nichts), tandis que pour Bloch qui appelait Heidegger, ironiquement, « le professeur angoisse et souci » (Professor Angst und Sorge), l'affect positif de *l'espérance* est toujours présent, dans le quotidien, malgré toutes les conditions négatives qui provoquent la dépression et le désespoir d'autant

[53] Ibid.
[54] Op. cit., p. 134.

d'hommes. C'est la présence de cet affect positif qui permet d'ailleurs selon Bloch le dépassement, la sursomption de cet état d'angoisse et d'atmosphère de suicide ainsi que l'illumination de la conscience aliénée par les « rayons utopiques » de l'espérance et de la possibilité de construction d'un monde meilleur. Pourtant, paradoxalement, le jeune Bloch, en tant que lecteur des écrits de Kierkegaard, semble se trouver, malgré ses critiques et réserves sévères, des fois quand même presque sur la même longueur d'onde que Heidegger, par exemple lorsqu'il évoque et introduit le concept de « l'obscur du moment vécu » (à première vue assez proche du concept heideggérien de « disposition »), mais toujours placé par Bloch, à la différence de Heidegger, dans la perspective et dans l'horizon de « l'avènement des images de l'espérance contre la mort ». Et dans cette logique de l'espérance utopique comme antidote de la mort, Bloch va même jusqu'à prôner, dans le vol. III du *Principe Espérance,* la « disparition du Néant létal dans la conscience socialiste ».[55]

Autrement dit, *Le Principe Espérance* a bien été écrit, pendant l'exil blochien aux États-Unis (1938-1949), non pas contre la philosophie kierkegaardienne du « se-comprendre-dans-l'existence », mais plutôt contre la philosophie existentiale heideggerienne de « l'angoisse » (Angst) et du « souci » (Sorge) et la conception heideggerienne du désespoir du *Dasein* et de sa chute dans l'abîme du Néant. Un de ses principaux objectifs a été, par conséquent, le refus catégorique de la thèse de l'auteur de *Sein und Zeit* (§ 40) que « l'angoisse singularise le *Dasein* (l'être-là) à son propre être-dans-le-monde qui se projette en tant que compréhension essentiellement vers des possibilités », si bien

[55] Op. cit., p. 311.

que « l'angoisse s'angoisse elle-même de l'être-dans-le-monde ».[56]

En ce qui concerne le « Néant » (Nichts), Bloch se réfère aussi explicitement à l'essai *De l'essence du fondement* (Vom Wesen des Grundes) où Heidegger affirme que « si l'étrangeté totale de l'Etant peut s'emparer de nous comme elle le fait, c'est uniquement parce que le *Dasein* renferme manifestement le néant en sa vérité (...). Mais le Dasein doit se surpasser lui-même dans le surpassement de l'Etant par les projets du monde, pour pouvoir se comprendre en tout premier lieu comme abîme, à partir de cette élévation ».[57] En critiquant la « complexité » de ce questionnement et de cette argumentation de Heidegger, Bloch refuse cette logique et cette conclusion, en rejetant surtout « cette espèce d'affirmation de l'abîme ou d'« immersion dans la mort » [58] ; car cette pensée de l'échec, de l'abîme, du néant (et de la « néantisation » du Dasein) serait non seulement fortement influencée par Karl Jaspers (pour lequel l'échec *(Scheitern)*) est en effet un des principaux leitmotivs de sa pensée), mais aussi par le christianisme protestant, luthérien, au fur et à mesure où chez lui, « l'échec correspond à la récusation de la légitimité des œuvres, tandis que « l'angoisse correspond à la vieille oppression du péché et la décision de prendre les devants, au choix de s'en remettre à la volonté de Dieu ».[59] Mais Bloch y voit encore, dans sa colère contre Heidegger, plus qu'une rechute étrange dans le désespoir et une philosophie de l'échec, du péché et du néant. Il y perçoit également « le comportement épigonal d'un *nihilisme profasciste*, avec son désespoir fanfaron, son

---

[56] Heidegger, *Être et Temps* (Sein und Zeit), § 40, Niemeyer, Tübingen, 1927, p. 187.
[57] Martin Heidegger, *Vom Wesen des Grundes*, Tübingen, Niemeyer, 1929, p. 110.
[58] Ernst Bloch, Op. cit., p. 298.
[59] Op. cit., p. 299.

quiétisme pour les suiveurs, son *après nous le déluge* pour ses chefs ».[60]

« Dans la conscience socialiste, argue-t-il, faire disparaître le néant équivaut à le remplir de contenus nouveaux : de contenus humains ».[61] Ce serait, précisément, « la tâche et le rôle du militant pour la bonne cause de l'humanité, à savoir du « martyr rouge » (...) qui ne veut pas être un martyr, mais un combattant inébranlable, pour lui-même aussi (...) ; un être qui cependant ne se conçoit ni comme individu, ni comme collectivité générale, mais qui, ici aussi, porte en soi l'unité de l'individu et du collectif : la *solidarité* ».[62] Une solidarité qui s'étend, et l'on comprend tout de suite l'allusion à Walter Benjamin, « aux victimes du passé et aux vainqueurs de l'avenir, dans un présent absolu ».[63] C'est en ces termes que Bloch caractérise et définit, dans ce contexte philosophico-politique précis, la conscience révolutionnaire, et avec elle, l'esprit de résistance contre le nazisme.

Le « procès » philosophico-politique fait ici par Ernst Bloch à Heidegger et son analytique ontologique (phénoménologique) de l'être-là (Dasein), culminera donc, logiquement, dans le reproche d'avoir aussi volontairement exclu de l'analyse du *Dasein* et de ses *Existentiaux,* toute analyse sociologique. Déjà dans le Premier Tome du *Principe Espérance*, Bloch avait exprimé cette critique, en regrettant « les excès d'une pure interprétation terminologique »[64], et en reprochant en outre à Heidegger d'avoir, dans son analyse ontologique existentiale de l'angoisse, seulement exprimé « le sentiment [de désespoir] d'une classe en décadence ». Contrairement à Heidegger, qui pri-

---

[60] Ibid.

[61] Op. cit., p. 313.

[62] Op. cit., p. 314.

[63] Op. cit., p. 314.

[64] Bloch, *Le Principe Espérance*, t. I, p. 134.

vilégie absolument, dans son analyse, les « affects négatifs » de l'angoisse, du désespoir et de la chute dans l'abîme du néant, Bloch oppose à cette vision pessimiste et « nihiliste » du « gardien de l'être de Todtnauberg » une vision optimiste des affects positifs de l'attente et de l'espérance. Il y a chez lui une sorte de refus a priori de vouloir prendre en considération la terrible réalité du désespoir, de la misère psychique, de l'ennui et des suicides marquant le quotidien de notre monde moderne, sans que cela ne signifie qu'il les ignore complètement. Mais avec son « optimisme militant », il est apparemment décidé à dissiper tous ces « brouillards », en mettant en relief les possibilités de surpassement et de sortie de ces états de désespoir. C'est pour cette raison qu'il va concentrer toutes ses forces analytiques à prouver que l'espérance a, malgré tous les échecs réels qui marquent notre vie, le pouvoir et les moyens réels de dépasser et de détruire l'angoisse, en nous conduisant de la nuit du désespoir vers la lumière de l'éclaircissement, d'un préconscient vers un non-encore-conscient et de là, via la catégorie possibilité (concrète), vers une pensée de l'action libératrice et émancipatrice.

« L'espoir », affirme à ce propos Ernst Bloch, « mouvement d'âme ascensionnel, est, comme l'angoisse, encore coloré par l'humeur : non pas parce qu'il n'y a pas de place en lui pour la nuit, mais parce qu'elle est cette lueur naissante que répand le lever d'une aurore ».[65] Ernst Bloch compare cette lueur à un paragraphe de *Mort à Venise* où Thomas Mann évoque « l'éclosion inexprimablement gracieuse de l'aube avec tout son *arpeggio ante lucem,* dont les rayons sont issus du lointain ».[66] Simultanément, il s'efforce de prouver que *l'espoir* est a priori supérieur à *l'humeur*, parce qu'« il n'est guère instable, il est très spéci-

---

[65] Ernst Bloch, *Le Principe Espérance,* t. I, p. 140.
[66] Ibid.

fique quant à son intention, et surtout(…) il est capable de mises au point et de précisions logiques et concrètes ».[67] L'espoir est donc non seulement l'antithèse à l'angoisse (« L'espoir noie l'angoisse »), mais il est aussi, face à la mort, « orienté vers la lumière et la vie ; (….) il ne perd jamais de vue qu'il y a encore une issue ».[68] Et, se tournant encore une fois de manière critique vers Heidegger, il souligne qu'« aucune analyse existentiale » de l'espoir ne pourra jamais, pour autant qu'elle serait une analyse réelle de *l'existere* et non du *corrumpere,* la révéler comme « une résolution anticipée de la mort ».[69] Étant orienté vers la lumière et la vie, l'espoir « refuse de laisser le dernier mot à l'échec ». En citant le célèbre vers de Hölderlin, « Wo Gefahr ist, wächst das Rettende auch »[70]), Bloch nous rappelle que c'est précisément l'espoir qui provoque, dans « un moment d'inflexion positif dialectique », la disparition de la crainte de la mort ».[71] Certes, il y resterait toujours un sentiment d'incertitude, de doute sur l'issue, comme dans la crainte, mais d'une incertitude qui « ne se confine pas, comme dans la crainte, au souci passif et au fardeau du souci (…), mais elle côtoie le jour, favorable à l'homme ».[72] Par conséquent, « danger et foi sont la vérité de l'espérance, qui est « un affect pratique, militant », né dans une classe de conscience « pleine d'anticipations » produisant des rêves éveillés qui occuperont le champ utopique.[73]

Bloch fait cependant une distinction claire entre « espoir », « espérance » et « confiance ». Déjà dans la Préface au *Principe Espérance*, il souligne que l'espérance ne de-

---

[67] Ibid.
[68] Ibid.
[69] Ibid.
[70] Tr. fr. : « Là où il y a danger croît aussi ce qui nous sauve. »
[71] Ibid.
[72] Op. cit.,p. 141.
[73] Op. cit.,p. 142.

vrait d'aucune manière être confondue avec la confiance, puisque cette dernière est, certes, encore une attente, mais une attente dépassée, l'attente d'une issue qui ne comporte pas le moindre doute. Et dans le sous-chapitre consacré aux affects d'attente et aux rêves éveillés du grand chapitre « La conscience anticipante », il affirme, en conséquence, que « le désespoir confine presque entièrement à ce néant auquel se rapprochent tous les affects d'attente négatifs ; alors que l'horizon de la confiance est presque empli par le Tout, auquel l'espoir le plus faible, et même l'espoir dévié vers un avenir inauthentique, se rapportent essentiellement. Le désespoir est transcendant du fait que son néant précipite l'intention dans la certitude de la ruine, la confiance est transcendante du fait que son Tout engage l'intention dans la certitude du salut. Alors que les affects d'attente négatifs et leurs images utopiques tendent donc finalement vers l'infernal (…), c'est le paradisiaque (…) que les affects d'attente positifs trouvent dans l'objet ultime et inconditionnel de leur intention. »[74]

On entrevoit bien que dans le système de pensée blochien – un système « ouvert » orienté vers un monde du futur défini comme un « champ d'expérimentation » (Cf. *Experimentum Mundi* (1975)) et de réalisation du « salut », par la médiation de la catégorie « possibilité » et des « catégories projectives » de l'imagination constructive – *l'espérance* est toujours supérieure à la confiance qui, en tant que confiance aveugle, n'est pas orientée vers le salut. Et même s'il est indéniable que l'espérance peut, effectivement, ce que Bloch n'ignore pas, être étouffée par la déception, la dépression et le désespoir, elle peut toujours aussi échapper, c'est du moins la ferme conviction de l'auteur du *Principe Espérance*, en tant que « docta spes » à ce destin, car, comme Bloch le souligne déjà dans la Pré-

[74] Op. cit., p. 141.

face du *Principe Espérance*, la « docta spes », comme espérance comprise, comme « concept de principe utopique, pris dans le bon sens du terme, celui de l'espérance et de ses contenus dignes de l'homme, occupe ici une position centrale ».[75]

Dans cette perspective, « l'attente, l'espérance, l'intention dirigée vers la possibilité non encore devenue, constituent non seulement une propriété fondamentale de la conscience humaine mais aussi (…) une détermination fondamentale au sein même de la réalité objective tout entière. Depuis Marx il est devenu impossible à toute recherche de la vérité et à toute décision réaliste de se passer des contenus subjectifs et objectifs de l'espérance dans le monde (…) ».[76] On a compris ce message de Bloch qui est en même temps un avertissement assez clair à l'égard de tous ceux qui, au nom d'un matérialisme trop dogmatisé, veulent absolument réduire la philosophie marxienne de l'émancipation (sociale) à la seule critique de l'économie politique, en faisant abstraction des désirs, des images de souhaits et des rêves éveillés (dirigés vers le futur) des individus : « La philosophie aura la conscience du lendemain, le parti pris du futur, le savoir de l'espérance, ou elle n'aura plus aucun savoir du tout ».[77] Dans ce processus de transformation, les affects d'attente (de l'espoir) indiquent la direction que suivra le rêve éveillé. « Ils tracent la voie sur laquelle progresse l'imagination des représentations anticipantes et sur laquelle cette imagination aménage la route de ses souhaits (…). ».[78] Ces deux éléments, à savoir les affects d'attente et les affects des représentations de l'attente, nous conduisent, conclut Bloch, vers le *non-encore-conscient*, c'est-à-dire vers une « classe de conscience

---

[75] Ernst Bloch, *Le Principe Espérance*, t. I, p. 14.
[76] Ibid.
[77] Ibid.
[78] Op. cit., p. 141.

pleine d'anticipations (utopiques). « C'est vers ce non-encore-conscient que s'élancent les rêves éveillés, pour autant qu'ils renferment de l'avenir authentique, ils pénètrent tous dans ce champ non devenu et non comblé qu'est le champ utopique ».[79] C'est dans ce contexte précis où les rêves éveillés entrent pour ainsi dire dans le non-encore-conscient que l'espérance peut enfin assumer sa *fonction utopique*.

Cela ne peut que nous stimuler à analyser en profondeur cette substitution de l'*inconscient* et du *préconscient* freudien par Bloch par le concept du « *non-encore-conscient* » ; mais cela ne peut être que l'objet d'une autre conférence.

****

(Nice/Milan, mars-avril 2014)

[79] Op. cit., p. 142.

II - ERNST BLOCH ET LA PSYCHANALYSE FREUDIENNE

Il n'est pas sûr qu'Ernst Bloch et Sigmund Freud, le célèbre fondateur de la psychanalyse, se soient vraiment rencontrés, personnellement, pendant le séjour du philosophe allemand à Vienne, par exemple en 1934 ; car nous ne disposons d'aucun témoignage personnel à ce sujet, ni de la part d'Ernst Bloch ni de son épouse polonaise Karola née Petrowska. Il n'existe pas non plus de correspondance. Et pourtant, on ne peut pas exclure complètement qu'une rencontre ait eu lieu, éventuellement, quand même ; car l'étude de la doctrine psychanalytique freudienne au sens d'une réception et en même temps de la tentative de se démarquer de Freud, à propos de certains aspects de sa doctrine, figure sans nul doute au centre des réflexions et recherches philosophiques blochiennes, notamment dans le tome 1er du *Principe Espérance*, son œuvre majeure. Il ne relève donc pas du tout du hasard que les écrits de Freud, dont *L'Interprétation des rêves* (Traumdeutung) (1900), *Le Moi et le ça*, ses *Cours de Psychanalyse* des années 1922 à 1935 ainsi que ses *Nouveaux Cours de psychanalyse* y soient si souvent cités. C'est plutôt l'attestation de la volonté inébranlable d'une confrontation profonde et sincère de la part d'Ernst Bloch avec la doctrine de Freud et même d'un « héritage » freudien (partiel) chez Bloch, précisément dans la perspective de la tentative de fondation d'une philosophie (messianique) d'un « non-encore-conscient » utopique et d'une pensée de la praxis au sens de la transformation du monde vers le meilleur, sous le signe de la réalisation de « l'utopie concrète ». Ainsi, Freud est-il déjà mentionné dans le tout premier livre d'Ernst Bloch, à savoir *L'Esprit de l'Utopie* (1918/1923), dans le cadre des réflexions approfondies de Bloch concernant le refoulé, le « non-plus-conscient », la « volonté refoulée (noyée) » qui revient dans le rêve. Bloch y fait régulièrement allusion à la doctrine freudienne de « l'inconscient », « tel qu'il émerge dans le rêve et dans mainte psychose » et dont le ressort et le moteur sont « l'instinct sexuel, ou la volonté de puissance, ou quelque autre encore » (...) ».[80] C'est une preuve de plus que Bloch avait bien lu entre temps *L'Interprétation des Rêves* (1900) de S. Freud, mais qu'il n'était pas prêt à reprendre, à s'inspirer tout simplement de la théorie (matérialiste) freudienne du refoulement d'événements et de traumatismes remontant à la prime enfance, mais qu'il s'efforce plutôt de prouver la présence, dans l'inconscient, d'un « objet plus ample, utopique, essentiel, serti dans le passé », à savoir dans l'inconscient générant les rêves. Et en même temps s'annonce déjà, dans ce livre, bien que sous une forme encore assez prudente, la tendance de Bloch à vouloir se démarquer un peu du « pansexualisme » de Freud ; car autrement on ne pourrait sûrement pas comprendre cette phrase de *L'Esprit de l'utopie* dans laquelle la méthode scientifique de Freud, sa « science particulière », est commentée de manière critique comme une « science particulière » qui « veut tout simplement saisir ce qu'il en est sans nous et tel que c'était, qui n'a d'yeux que pour le passé, le matériel, et réduit totalement tout instinct de lumière aux antécédents de la créature, qui perd tout flux utopique vivant et s'enferme finalement dans une mécanique vide – une science ainsi détachée et axée sur tout ce qui s'est détaché est pour finir elle aussi attachée à ce qui n'est plus

---

[80] Ernst Bloch, *L'Esprit de l'Utopie,* trad. de l'allemand par Anne-Marie Lang et Catherine Piron-Audard, Gallimard, Paris, 1977, p. 230.

conscient, à un passé si bien stabilisé qu'en définitive il n'y roule plus que des pierres ».[81]

De la lecture du chapitre « Imago comme apparaître des profondeurs » du livre *Héritage de ce temps* (1935), il résulte clairement que Bloch a oscillé assez longtemps, dans ses jugements concernant la psychanalyse et la doctrine freudienne des pulsions, entre l'accord, la volonté de se démarquer et la critique ; car dans ce chapitre il montre une compréhension relativement grande pour la théorie freudienne de la libido et sa théorie de l'inconscient et, contrairement à C.G. Jung (que Bloch qualifie de « crypto-fasciste de la psychologie ») Freud y est félicité pour avoir exploré ce « fond » de l'inconscient « non pas avec les moyens de ce « fond », mais avec la conscience analytique la plus éclairée ».[82] Et il reconnaît – du moins pour une large partie – la méthodologie analytique freudienne, en constatant que [chez Freud] « la descente vers l'inconscient n'est pas vraiment la guérison, mais [que] ce qui guérit c'est exclusivement la conscience la plus lucide, au fur et à mesure où elle transperce les « complexes », donc l'être-inconscient de l'inconscient ».[83] Ce qui frappe c'est que, dans ce chapitre, Freud, avec sa théorie des pulsions (sexuelles), est constamment opposé, positivement, en tant que « matérialiste éclairé bourgeois », au psychanalyste « fascistoïde » C. G. Jung de Zurich qui, avec sa doctrine de « l'inconscient collectif » aurait défini la pulsion « non seulement sexuellement, mais comme étant avide, sauvage et rêvant » et que Bloch, précisément pour cette raison-là, classe (catégorise) – au même titre que Klages – comme un « ami des ténèbres » qui, avec ses théories mystico-mythologico-romantiques, aurait favorisé le fascisme. (« Finalement les

---

[81] Op. cit., p. 231.

[82] Ernst Bloch, *Héritage de ce temps,* trad. de l'allemand par Jean Lacoste, Payot, Paris, 1978, p. 344.

[83] Op. cit., p. 345.

amis de Jung trouvent dans le national-socialisme autant d'éléments positifs que celui-ci ressemble presque à un tournesol qui les éclaire. La patrie perdue du « sens de la vie instinctivement sûre » lui apparaît dans les rêves, naît à partir des rêves ».[84]) On voit bien que ce reproche ne peut vraiment pas être fait au « rationaliste » Freud.

Incontestablement, Bloch a étudié l'œuvre de Freud en profondeur, notamment dans les trois ans consécutifs à la publication du livre *Héritage de ce temps*, à Zurich, en 1935, c'est-à-dire pendant les années de son exil à Prague (1936-1938) ainsi que pendant les premières années de son exil aux États-Unis, ayant reçu auparavant des impulsions théoriques importantes (et peut-être même décisives, bien que limitées dans leur portée) de la part des fondateurs du « freudo-marxisme » de « l'École de Francfort » (Adorno, Horkheimer, Marcuse...), mais sans pour autant s'identifier totalement avec leurs positions respectives à l'égard du fondateur de la psychanalyse et de son école. (Cette différence pourrait aussi, à la rigueur, expliquer le rapport plutôt tendu d'Ernst Bloch à l'égard de certains représentants de *l'École de Francfort*, notamment à l'égard d'Adorno, ce qui a conduit, en novembre 1942, à ce grand conflit[85] personnel entre Adorno et Ernst Bloch qui a duré au moins deux décennies.)

Ce dialogue (critique) avec la psychanalyse qui avait déjà commencé dans *L'Esprit de l'utopie*, reprendra et sera même mené avec beaucoup plus de profondeur et de systématicité, dès les tout premiers chapitres du *Principe Espérance*, notamment dans la Seconde Partie du premier volume de l'œuvre majeure d'Ernst Bloch intitulée « La conscience anticipante » où Bloch, se positionnant souvent à

[84] Op. cit., p. 346.
[85] Cf. Arno Münster, *L'utopie concrète d'Ernst Bloch. Une biographie*, Kimé, Paris, 2001, p. 214.

proximité de la doctrine freudienne des pulsions, traite de la pulsion du moi et du refoulement, de la libido (la pulsion sexuelle), des « complexes » et de l'inconscient, de la sublimation, de la pulsion d'enivrement, de « l'inconscient collectif » de C.G. Jung, de l'éros et des archétypes, des rêves comme accomplissement du souhait et du rêve diurne (Tagtraum), qui n'est cependant pour Bloch pas « l'antichambre du rêve nocturne » mais plutôt quelque chose comme « une voie libre pour l'amélioration du monde ».

Comme le souligne Bloch, « la vision qui s'offre à la pulsion du déploiement du Soi vers l'avant c'est (...) le *Non-encore-conscient*, c'est-à-dire ce qui n'a encore jamais été conscient par le passé, ce qui n'a encore jamais existé, c'est une aube vers l'avant, projetant ses rayons sur le Nouveau. C'est cette aube qui se lève parfois dans les rêves éveillés les plus insignifiants ; c'est elle qui se répand sur les régions plus vastes du refus de la privation, et donc sur celles de l'espérance ». [86]

Ce qui est caractéristique pour la lecture et la réception par Bloch de l'œuvre de S. Freud, c'est que Bloch veut certes aussi, comme le fait Freud, enraciner les pulsions prioritairement dans le corps, mais qu'il s'efforce en même temps de souligner la limitation historique des pulsions fondamentales et qu'il veut corriger la doctrine freudienne des pulsions, en ce sens précis que désormais la pulsion sexuelle (la libido) n'est plus considérée comme la pulsion primaire et fondamentale de l'homme, mais plutôt la *faim* (Hunger). À ce propos Bloch tient à souligner, précisément dans la perspective d'une critique marxiste de la pratique psychanalytique de Freud, que « le souci de trouver de la nourriture était pour Freud et ses patients (visiteurs) le souci

---

[86] Ernst Bloch, *Le Principe Espérance,* t. I, trad. de l'allemand par F. Wuilmart, Paris, Gallimard, p. 99.

le moins fondé ».[87] Autrement dit, Ernst Bloch critique la grande indifférence de l'École psychanalytique fondée par Freud face aux questions économiques et sociales, alors que plus de 90 % des suicides sont commis à cause de la misère économique et seulement les 10 % restants par chagrin d'amour. Voilà pour « les limites concernant l'analyse des classes sociales des recherches psychanalytiques consacrées aux pulsions fondamentales ». [88]

À cette limitation appartient aussi, le fait que la psychanalyse en tant qu'institution de la société bourgeoise « décadente », ne serait apparemment pas prête à s'apercevoir que chez le prolétariat la libido n'occupe pas une place aussi importante, comme le pensaient les analystes viennois, tout simplement parce que la faim et le souci (de la survie matérielle) posent des limites à la libido, chez les classes inférieures. Enfin, « les conflits névrotiques [du prolétariat] se situent à des niveaux plus grossiers que chez Freud, pour qui « le siège de la libido est arrêté à des zones érogènes précises », ou chez Adler, qui compare dans certains cas le caractère à un « masque mal adapté », ou chez C.G. Jung qui parle de « régression imparfaite dans l'univers primitif ». On pourrait difficilement ramener la peur de perdre son travail à un complexe de castration. Pourtant, la psychanalyse est parfois obligée de tenir compte de la faim, de la soif et de l'instinct de conservation ; il est cependant étrange que Freud n'ait pas fait dépendre l'instinct de conservation des fonctions de l'estomac ou du corps en général (…) et l'ait rattaché au groupe des pulsions ultérieures reconnues du Moi, de celles auxquelles incombe la censure morale.[89]

[87] Op. cit., p. 70.
[88] Op. cit., p. 71.
[89] Op. cit., p. 86.

D'une manière indirecte, Bloch met donc ainsi en cause le *pansexualisme* de la psychanalyse freudienne, qui serait responsable du fait que Freud accorde aussi peu d'importance à la faim, la « plus fiable [et plus élémentaire] de toutes les pulsions », selon l'auteur du *Principe Espérance,* ainsi qu'à *l'autoconservation,* c'est-à-dire au « suum esse conservare » de Spinoza, tout en hypostasiant l'instinct sexuel et l'eros. Mais on pourrait soutenir – en faveur de Bloch – que la *faim* en tant que pulsion primaire, à savoir de la tendance déterminée par le corps (la physis) vers la satisfaction de son désir, est bien la pulsion primaire, tout simplement parce que l'homme peut bien vivre, à la rigueur, sans sexualité, mais non pas sans le métabolisme avec la nature et sans nourriture. Ernst Bloch doit cependant admettre qu'il n'existe pas de structure pulsionnelle « naturelle » pour la faim du fait que « la nature de sa perception, et donc l'ensemble de ses stimuli, sont également des variables historiques.(…) Elle s'est changée en besoin social et est socialement conditionnée et elle est en interaction constante avec les autres besoins sociaux et dès lors historiquement variables, dont elle est à l'origine, avec lesquels elle se transforme en même temps qu'elle les transforme elle-même. (…) Bref, chaque définition de la pulsion fondamentale mûrit toujours dans les limites d'une époque et est son fruit spécifique ».[90] Les pulsions sont donc aussi déterminées économiquement. Si donc la volonté de conservation de soi et la faim en tant que pulsion fondamentale sont primaires et la pulsion sexuelle (la libido), en conséquence, secondaire, cela a aussi quelque chose à voir selon Bloch avec le fait que « la libido comme la pulsion de puissance renferme une part de faim, une part d'appétit » (…) et parce que « le besoin qu'a cette faim d'être assouvie est l'huile qui alimente la lampe de l'histoire (…). »[91] Étant

[90] Op. cit., p. 89.
[91] Op. cit., p. 89.

déterminée historiquement, et non pas limitée à la phase capitaliste de l'égoïsme, la volonté de conservation de soi pourrait même – et c'est cela l'espérance utopique de Bloch –, sous les conditions d'un « soi se déployant en solidarité », devenir – et là, Bloch rejoint un des principaux leitmotivs de son œuvre de jeunesse, à savoir de *L'Esprit de l'utopie* – la *rencontre de soi-même* (Selbstbegegnung).[92]

Cette mise en cause du *pansexualisme* freudien fait non seulement douter Bloch de certains concepts-clés de la psychanalyse freudienne, comme par exemple du complexe de castration et du complexe d'Œdipe (que Bloch dénomme polémiquement des « fantômes »), mais le conduit aussi à mettre en doute la définition freudienne même de l'inconscient, à propos de laquelle il reproche à Freud de l'avoir « ramené à un ensemble de contenus de nature exclusivement libidinale et dont il a essentiellement fait le refuge du refoulement. »[93] Or, ce mécanisme de refoulement – expliqué par Freud comme un mécanisme rejetant un acte susceptible d'être rendu conscient dans le système de l'inconscient –, même s'il n'est pas rejeté en bloc, est aussi critiqué par l'auteur du *Principe Espérance* à cause de sa fixation sur des contenus de conscience sédimentés, recherchés dans le passé infantile du patient, comme à la psychanalyse en général il est alors reproché d'être « souvenir subcortical *ab ovo,* isolé, retranché (...), souterrain, achérontique ».[94] En opposant à l'inconscient freudien sa propre théorie du « *non-encore-conscient* », Bloch parvient donc relativement facilement, mais sans pour autant pouvoir apporter à ses thèses des preuves cliniques, à prononcer le verdict que « l'inconscient de la psychanalyse n'est jamais un « non-encore-conscient » qui lui est un élément de progression ; l'inconscient n'est fait que de régressions. Et

[92] Op. cit. p. 90.
[93] Op. cit., p. 73.
[94] Op. cit., p.74.

pourtant, la prise de conscience de cet inconscient ne porte à la connaissance que ce qui a déjà été ; en d'autres termes : dans l'inconscient freudien, il n'y aurait « rien de nouveau ».[95] (!)

Mais en même temps, Bloch se trouve bien dans l'impossibilité de nier un autre mécanisme mis en relief par Freud, dans le cadre de ses recherches psychanalytiques sur l'inconscient, à savoir celui de la *sublimation libidinale.* Il se voit contraint d'admettre que « l'instinct sexuel peut bien être dévié vers un but supérieur et transformé en *caritas*, en dévouement pour le bien d'autrui et finalement de l'humanité ».[96] Il peut bien se transformer, par exemple chez l'artiste, en « joie de créer, mais aussi en plaisir et en satisfaction (compensatoire) chez le spectateur qui contemple l'œuvre d'art ».[97] Mais cette reconnaissance s'accompagne immédiatement de la critique que chez Freud « l'art n'a recours qu'à des illusions par lesquelles la libido insatisfaite ne demande qu'à se laisser tromper ».[98] Pourtant, on ne peut être qu'étonné du « paradoxe » qu'au sujet de l'analyse de ces processus psychiques supérieurs et de leur « mécanique », Bloch oppose ici Pavlov (!) à Freud, en regrettant notamment que « chez Freud, il n'y a que la libido sexuelle, ses conflits avec les pulsions du Moi et le souterrain du conscient d'où surgissent les illusions. »[99]

Ce qui fragilise sans nul doute la position blochienne face à la psychanalyse de l'École freudienne, c'est la ferme résolution de Bloch d'opposer au concept freudien du « préconscient » (Vorbewusstes) le concept nouveau du « non-encore-conscient ». Ce « non-encore-conscient » est, il est vrai, pour lui, tout aussi « préconscient » que

---

95 Op. cit., p. 74.
96 Ibid.
97 Op. cit., p. 75.
98 Ibid.
99 Ibid.

l'inconscient du refoulement ou de l'oubli, et à sa manière il offre autant d'obstacles et de résistance que l'inconscient du refoulement. Pourtant, ce n'est pas au conscient actuel et manifeste qu'il est subordonné, mais à un conscient futur, qui émerge seulement. Le *non-encore-conscient* est donc exclusivement le préconscient de l'advenant, le lieu de naissance psychique du nouveau.[100] N'étant pas reconnu en tant que tel par la psychanalyse (selon Freud il n'y a pas de preuves cliniques pour l'existence d'un tel « non-encore-conscient »), ce concept est pourtant justifié et défendu avec obstination par l'auteur du *Principe Espérance* comme un concept-clé exprimant, désignant la disposition du *rêver-en-avant* et comme *mode du conscient de l'advenant.*[101] Selon Bloch, la productivité de la jeunesse, le rêve vers l'avant (qui caractérise des époques révolutionnaires ou prérévolutionnaires), la qualité « aurorale » du nouveau, comportant une certaine nostalgie utopique, ainsi que la productivité intellectuelle et la création sont bien les manifestations réelles de ce *non-encore-conscient*, surtout chez la jeunesse qui est « reconnaissante du devenir et de l'image merveilleuse qu'il engendre ».[102] En réalité, il s'agit bien de la réunion des trois éléments : « jeunesse, point d'inflexion du temps et productivité »[103], la productivité étant en même temps caractérisée par ses trois phases : « l'incubation, la prétendue « inspiration » et l'explication. »[104] « Toutes trois, précise Bloch, « ressortissent à la faculté de franchir les frontières existantes du conscient et d'aller de l'avant. Dans *l'incubation* le sujet a une idée en tête et il est tout occupé d'elle (…) ; *l'inspiration* est la disposition qui « traduit fort bien la soudaineté, l'intrusion brusque et la lumière

[100] Op. cit., p. 145.
[101] Ibid.
[102] Op. cit., p. 149.
[103] Op. cit., p. 151.
[104] Ibid.

dans l'esprit »[105], tandis que dans l'explication – la dernière phase de la productivité – « s'accomplit enfin ce qui s'était amorcé dans l'agitation et son pressentiment ».[106] C'est la phase de la productivité exceptionnelle du génie. (« Le génie est cette assiduité spécifique qui guide et prolonge le premier éclair de lumière jusqu'à son épanouissement total ».[107]) Il n'est donc pas « l'œil du monde », comme l'affirme Schopenhauer, mais au contraire « un pionnier aux frontières d'un monde qui progresse, bien plus, un élément, combien capital, dans le monde en formation ».[108] Sur le plan psychologique, « la génialité est la manifestation d'un degré particulièrement élevé du *non-encore-conscient* et de la capacité de prendre conscience de ce dernier, c'est-à-dire en fin de compte de la puissance d'explication de ce *non-encore-conscient* dans le sujet, dans le monde. »[109]

Cependant on peut être frappé par le fait que les seules « preuves » qu'apporte Bloch à sa théorie du « non-encore-conscient » soient exclusivement littéraires (Klopstock, Goethe, Dante...) et non pas cliniques. Mais dans le sous-chapitre du grand chapitre consacré à l'analyse de la « conscience anticipante » du tome 1er du *Principe Espérance*, à savoir « L'Epilogue sur la barrière qui a si longtemps constitué une entrave à l'appréhension du non-encore-conscient », Bloch persiste et insiste beaucoup sur l'actualité et la justesse de sa découverte, en regrettant que « le non-encore-conscient soit passé si longtemps inaperçu ».[110] Il n'y a selon lui aucune raison de continuer à nier et à ignorer encore plus longtemps ce « phénomène intérieur, aérien, ouvert et si riche d'images » qui a toujours été

[105] Op. cit., p. 152.
[106] Op. cit., p. 155.
[107] Ibid.
[108] Op. cit. , p. 155.
[109] Op. cit., p. 156.
[110] Op. cit., p. 163.

interprété comme une opération du subconscient. Il s'agit donc pour Bloch de corriger, de dépasser et d'élargir le concept freudien du préconscient, en insistant sur ces « ténèbres du subconscient » où le non-encore-conscient est resté enfoui – ce que le père fondateur de la psychanalyse a toujours obstinément refusé. En retour, Bloch n'hésite pas à accuser Freud d'avoir « grossi à outrance la libido d'une classe de parasites, ignorant toute autre impulsion, voir tout autre élan ».[111] Il ne tarde pas à stigmatiser cette phrase du livre *Das Ich und das Es* (*Le Moi et le ça*)(1923) fermant définitivement la porte à l'accueil éventuel de la théorie d'un « non-encore-conscient » de Bloch : « Ce qui est refoulé est pour nous le prototype de l'inconscient ».[112] Et en enfonçant, en sautant cette barrière s'opposant au Novum, dressée, selon lui, très injustement, par Freud, mais aussi par Jung, Bloch introduit la notion de « fonction utopique » pour consolider les fondements théoriques de ce qu'il dénommera désormais le « non-encore-conscient » en tant que « nouvelle classe de conscience ».

Comme le souligne Bloch, « les contenus de cette fonction utopique se manifestent d'abord dans les représentations, essentiellement dans celles de l'imagination utopique ; elle s'oppose donc aux représentations influencées par le souvenir, qui ne reproduisent que des expériences passées et dont l'imprécision va croissant avec le recul dans le temps. Les représentations de l'imagination utopique n'ont rien de commun non plus avec ces images résultant de l'assemblage arbitraire d'éléments puisés dans le Donné (mer de pierre, montagne d'or, etc.), au contraire elles anticipent et prolongent le Donné dans les possibilités futures de son être-transformé, de son être-amélioré ».[113]

---

[111] Op. cit., p. 168.
[112] Sigmund Freud, *Das Ich und das Es*, Vienne, 1923, p. 12.
[113] Op. cit., p. 176-177.

La fonction utopique est en conséquence définie par Ernst Bloch comme une fonction « transcendante sans être transcendantale », à savoir comme une « activité comprise de l'affect d'attente, de l'intuition propre à l'espérance, en alliance avec tout ce qu'il y a d'auroral dans le monde »[114], et sa raison est celle d'un « optimisme militant ». En tant qu'« utopico-concrète », elle est, essentiellement, « anticipation spécifique qui ne peut être confondue avec aucune rêverie abstraitement utopique mais qui n'est pas non plus condamnée par l'immaturité d'un socialisme abstraitement utopique lui aussi ».[115] La puissance et la vérité du marxisme seraient précisément qu'« il a su chasser les nuages des rêves vers l'avant sans y éteindre les colonnes de feu qu'il a au contraire consolidées grâce au concret ».[116]

En soulignant cette fonction transcendante de l'anticipation utopique, en alliance avec tout ce qui est « auroral » dans le monde et avec les images de souhait de la « conscience anticipante », Bloch s'en prend particulièrement à Heidegger qui, dans le § 41 de *Sein und Zeit* (« L'être de l'être-là en tant que souci »), affirmait, contrairement à Bloch, que « souhaiter est une modification existentiale du projet compréhensif de soi, telle que celui-ci, dans la déchéance de la déréliction, se bornant simplement à rêvasser sur ses possibilités ».[117] En critiquant le « nihilisme » et l'« aversion de Heidegger à l'égard de l'utopie », s'exprimant à son avis dans ces propos de l'auteur de *Sein und Zeit*, Bloch tient à souligner que « ce qui est important c'est que le regard chargé d'espérance et d'imagination qu'est celui de la fonction utopique, ne soit pas rectifié à partir de cette conception étroite et terre à terre mais uni-

---

[114] Op. cit., p. 179.
[115] Op. cit., p. 178.
[116] Ibid.
[117] Martin Heidegger, *Être et temps*, trad. de l'allemand par Rudolf Boehm et Alphonse de Waehlens, Gallimard, Paris, 1964, p. 195.

quement en fonction de la réalité de l'anticipation elle-même ; et donc en vertu du seul réalisme réel qui soit et qui n'est tel que parce qu'il est capable de saisir la tendance du réel, la possibilité objective réelle qui découle de cette tendance et, dès lors, les propriétés elles-mêmes utopiques, c'est-à-dire chargées de futur, de la réalité ».[118]

En s'opposant au donné défectueux, à l'empirisme et aussi à toutes les formes de la « realpolitik », le sujet de la fonction utopique est toujours pour Ernst Bloch un moi agissant en contact étroit avec les tendances utopiques immanentes au réel, à savoir « une « espérance consciente » voire « une volonté » capable d'opposer au donné défectueux une force contradictoire et exigeante : « il doit en être ainsi, il faut que cela soit. Elle est alimentée par l'énergie du souhait et la volonté qui la parcourent, par l'acte intensif vivant au dépassement, au surpassement du Donné ».[119]

L'analyse de la rencontre de la fonction utopique avec les idéaux sera, après une confrontation assez violente avec C.G. Jung, à propos des « archétypes », dans le chapitre précédent, une autre occasion pour Ernst Bloch de se confronter de nouveau à Sigmund Freud, cette fois-ci à propos du *Surmoi* (Über-Ich) freudien et de la question de la source de formation de tout idéal. « Chez Freud », observe Bloch, « le Surmoi lui-même, d'où procèdent la menace et l'ordre, a pris la relève du père. Les rapports unissant le Moi au Surmoi sont de même nature que ceux qui unissaient l'enfant à ses parents ; les commandements de ceux-ci sont repris par l'Idéal du Moi, par toute autorité idéale en général et exercent maintenant la censure morale sous forme de conscience. ». Ici, le reproche est fait à Freud d'avoir présenté une théorie de l'idéal qui « ramenait exclusivement à la figure du père et même, en creusant plus profondément, à

[118] Ernst Bloch, *Le Principe Espérance*, t. I, p. 178.
[119] Op. cit., p. 179-180.

l'ère du despotisme patriarcal. »[120] Freud aurait donc quasiment ignoré tout « du côté non coercitif », c'est-à-dire des « qualités lumineuses de l'idéal ».[121] À ce propos, Bloch critique non seulement qu'ici « tous les idéaux sont une fois encore limités à leur configuration morale »(...), purement personnelle et vaine »[122], mais que les idéaux plus objectifs, artistiques par exemple, ne sont pas pris en considération. Il s'agirait donc ici, selon Bloch, d'une « psychologie de la concurrence pure » où « les situations idéales et les paysages idéaux (...) n'y sont rattachés à rien, en raison de la seule prise en considération des idéaux personnels ».[123] Freud n'aurait donc (comme d'ailleurs aussi Adler) que mis en évidence l'emprise du père et celle de l'infériorité de l'enfant. « Rien ne dépasse le stade du « devoir » et l'objectif que l'homme se représente vers lequel tend sa volonté est bien plus imposé qu'espéré. »[124] Or, objecte Bloch, « l'idéal a aussi un côté plus libre, plus clair »[125], n'ayant plus aucun rapport avec « l'autorité venue d'en haut, la contrainte, la pression du Surmoi et (...) l'opposition à la créature elle-même. »[126] L'idéal peut apparaître sous de multiples aspects, en effet, c'est-à-dire sous celui de la pression, mais aussi sous celui de l'espérance, et il nous rappelle à ce sujet, à juste titre, que Kant avait déjà « fait du philosophe lui-même un maître de l'idéal et de la philosophie une initiation à l'idéal. Dans l'impératif catégorique de la loi morale, l'idéal réapparaît sous forme de pression, voire agression : la dignité de l'homme qui, dans cette loi, exige le respect, entre en conflit avec toutes les impulsions naturelles. L'idéal kantien apparaît ensuite comme

[120] Op. cit., p. 202.
[121] Ibid.
[122] Op. cit., p. 203.
[123] Ibid.
[124] Ibid.
[125] Ibid.
[126] Ibid.

force directrice de finalité non pas telle qu'elle exige mais telle qu'elle est elle-même exigée, et ce dans le postulat de la trinité de l'absolu : liberté, immortalité, Dieu. » Mais chez Kant, l'idéal se manifesterait aussi bien sous forme d'espérance, considérée comme Bien véritablement souverain de la raison pratique ; elle constituerait « le lien entre la vertu et la félicité, elle serait la réalisation (…) du règne de Dieu sur terre ».[127]

Finalement, l'anticipation (utopique) liée à la fonction utopique s'articulant prioritairement aux idéaux et aux archétypes, a aussi quelque chose à annoncer aussi bien dans l'allégorie que dans le symbole, car elle se retrouve dans les deux. Il s'agirait là d'une rencontre « qui se fonde dans la matière elle-même ; [car] « c'est dans la signification objective que la fonction utopique effectue cette rencontre ».[128] Exemple : la métaphore qui « reproduit aussi la réalité dans la mesure où elle est elle-même pleine de fonction utopique en raison de son orientation significative et pleine de chiffre réel dans sa forme significative ».[129] Puis, le symbole et l'allégorie, le symbole étant, précisément à la différence de l'allégorie, « tentative d'identité de son intériorité et de son extériorité ».[130]

Mais ce qui intéresse Bloch encore beaucoup plus que les diverses formes d'expression des symboles et des allégories, c'est l'excédent des images utopiques[131] qu'elles comportent ainsi que l'état du contenu final vers lequel « la conscience concrètement anticipante est orientée ; [car] c'est en lui qu'elle trouve son ouverture et sa positivité ».[132]

---

[127] Op. cit., p. 204.
[128] Op. cit., p. 214.
[129] Op. cit .,p. 215.
[130] Ibid.
[131] Cf. Op. cit., pp. 216-235.
[132] Op. cit., p. 235.

On entrevoit bien, pour résumer, comment cette esquisse blochienne d'une « phénoménologie » de la « conscience anticipante » aboutissant à la fondation d'une théorie du « non-encore-conscient », comme force motrice immanente à la psyché, au préconscient, permettant de concrétiser les contenus de l'imagination utopique dans une praxis de « l'utopie concrète », est guidée par la volonté d'un dépassement de la psychanalyse freudienne, en substituant la recherche thérapeutique freudienne orientée vers l'analyse des rêves nocturnes émergeant de l'inconscient ou du préconscient par une espèce de métapsychologie philosophique de la « conscience anticipante », faisant du « non encore-conscient » l'instance privilégiée d'un « rêver-en-avant » dont le sujet est plutôt le « rêve diurne » qui, en alliance avec la catégorie « possibilité », dégage la voie pour une praxis vouée à la transformation du monde vers le meilleur. Par l'articulation de cette phénoménologie de la « conscience anticipante » à une praxis marxiste, Bloch procède ici en réalité à un véritable dépassement révolutionnaire de la pratique et des perspectives de la psychanalyse que l'École freudienne et la psychanalyse officielle n'ont bien sûr pas pu accepter, vu que la démarche blochienne est orientée a priori vers le futur (antérieur) et non pas, comme la méthodologie freudienne (orientée, pour guérir les névroses), vers le passé, la recherche des complexes, le transfert, le contre-transfert, etc.

Bien sûr, les critiques faites par Ernst Bloch, dans le cadre de cette tentative de renversement, certes très originelle, mais aussi très osée, de la perspective de la psychanalyse et de son but déclaré : induire chez le patient un retour à l'état psychique dans lequel il était à l'époque où le symptôme était apparu la première fois[133](guérir le patient de ses

[133] Cf. Sigmund Freud, *La technique psychanalytique* (préface de Christophe Dejours), PUF, « Quadrige », 2007, p. 6.

névroses, pour le rendre plus apte à la réalité existante de la société), reflètent parfois aussi, du moins par certains aspects, l'attitude dogmatique et plutôt hostile à la psychanalyse (classifiée de « science bourgeoise ») du néo-marxisme du XXe siècle, dont Bloch se fait aussi le porte-parole, notamment dans *Le Principe Espérance*. Mais force est de constater que la démarche blochienne est quand même, grosso modo, assez distincte de celle de l'orthodoxie marxiste (léniniste), précisément dans la mesure où Ernst Bloch, avant de prononcer ses critiques à l'égard de certains concepts de la psychanalyse freudienne, discute au préalable, sérieusement, et avec de longs développements, les théories de Freud et de Jung. Il adopte et discute même, dans une large mesure, la conceptualité et les principaux concepts de la psychanalyse (comme par exemple celui du rêve nocturne[134]) avant de formuler ses critiques. Mais contrairement à la démarche freudo-marxiste des pères fondateurs de l'École de Francfort (Adorno, Horkheimer, Marcuse), qui acceptent la plupart des concepts-clés de la doctrine freudienne, en tentant en même temps de les intégrer dans une philosophie sociale critique, matérialiste (néomarxiste), Bloch, par le truchement de ses critiques parfois assez violentes, exprimées à l'adresse du concept freudien du « préconscient », du « rêve nocturne » ou du « surmoi » et de sa méthode analytique, fondée principalement sur la

[134] Cf. S. Freud, *L'Interprétation des rêves,* trad. de l'allemand par Janine Altounian, Pierre Cottet, René Lainé, Alain Rauzy et François Robert, chap. VII [Sur la psychologie des processus du rêve], PUF, « Quadrige, Paris, 2010 : « Du rêve, jusqu'à présent, nous savons seulement qu'il exprime un accomplissement de souhait de l'inconscient ; il semble que le système préconscient, qui domine, laisse faire cet accomplissement après lui avoir imposé certaines déformations. D'ailleurs, on n'est effectivement pas en mesure de mettre en évidence d'une façon générale un train de pensée opposé au souhait de rêve, train de pensée qui s'effectue dans le rêve comme l'antagoniste de ce souhait. » (Op. cit., p. 624-625)

remémoration, la répétition et la « perlaboration » (Aufarbeitung) des symptômes et des rêves, semble dépasser volontairement les bornes, en transgressant le champ propre de la psychanalyse freudienne, précisément par la fondation de la notion du « non-encore-conscient » (articulée à la « fonction utopique » de l'imagination utopique), en faisant de ce concept du « non-encore-conscient » un des principaux piliers de son « ontologie du non-encore-être », en bref d'une ontologie défiant les ontologies traditionnelles et contemporaines, et notamment celle de Martin Heidegger, précisément par la postulation d'un « non-encore-être » déployant son activité sous la forme de la présence, dans l'être, d'un « être-en-utopie » non encore extériorisé, non encore manifesté, orienté vers un avenir utopico-messianique. Et même si Ernst Bloch n'a pas, comme il était d'ailleurs prévisible, réussi à ébranler, réellement, avec cette philosophie (utopique), les fondements théoriques et institutionnels de la psychanalyse freudienne, au XXe siècle, il a quand même contribué, pourrait-on conclure, à questionner, d'une façon sans nul doute assez originelle, certains dogmes de la psychanalyse et certaines de ses pratiques, tout en élargissant, avec ses réflexions et propositions, l'horizon d'une science qui, renouvelée par Lacan, continue en effet de rayonner dans le monde…

III – UTOPIE CONCRÈTE, ANTICIPATION ET PRAXIS DANS LA PENSÉE D'ERNST BLOCH[135]

Il est de bon ton de dénigrer les utopies. La dénonciation des utopies est même devenue, depuis un certain temps, l'argument de taille d'un discours conservateur soupçonnant d'esprit de « subversion » tous ceux qui, au nom de la défense des idées de justice sociale et d'égalité, du socialisme ou du communisme, se tournent vers les utopies, en soulignant leur caractère anticipatoire et révolutionnaire pour la construction d'un projet alternatif à l'ordre économique existant. Libéraux et conservateurs et aussi, hélas, ceux qu'on pourrait appeler les « nouveaux sociaux-libéraux » font chorus pour bannir les utopies et ceux qui les défendent en leur reprochant d'être des « rêveurs naïfs » ou de vouloir minimiser ou banaliser le danger « totalitaire » émanant des utopies. Évidemment, il n'y a pas que des « utopies libertaires » et certaines utopies, comme par exemple « L'État de Soleil » de Campanella, comportent en effet en elles déjà les germes d'un ordre totalitaire, mais le procès qui est fait, entre autres, par Hans Jonas, dans *Le Principe Responsabilité* , à « l'idéal utopique », à la « pensée utopique » en général et au marxisme utopique d'Ernst Bloch en particulier, qui aurait « élevé l'utopie au rang d'un but explicite », atteste bien de cette volonté des libéraux et des conservateurs d'« en finir » une fois pour toutes avec les utopies, y compris et surtout avec le marxisme, tout

---

[135] Conférence prononcée le 6 mai 2014, à « l'Espace Niemeyer » (Paris 19e), dans le cadre des conférences organisées par la « Fondation Gabriel Péri. »

simplement parce que cette référence à l'utopie et un héritage utopique « dérange » et mine pour ainsi dire l'idéologie et les fondements théoriques d'un ordre de domination économico-social qui est celui du capitalisme moderne, à l'ère de la mondialisation (globalisation), défendu avec acharnement par ceux qui voient en lui le principal protecteur de leurs privilèges. Une utopie – je reprends ici le terme d'une conversation avec Christine Goémé, à « France Culture », en juin 2004, intitulée « Pourquoi est-il faux de dire qu'il faut « enterrer les utopies » ? – c'est évidemment « *un topos de l'imaginaire qui attend sa concrétisation.* Dans un monde où tout devient jetable, l'argent qui n'était qu'un moyen est devenu la métaphore suprême, le maître du jeu : jetable le travail, jetables les discours, jetables la vérité et les principes et qui vont avec, jetables les corps eux-mêmes, mais aussi la vie, jetable bien sûr. Ce système conduit à coup sûr au nihilisme. Mais le droit de proposer autre chose, de réfléchir à un monde qui fonctionnerait autrement, est encore pour l'instant possible. Profitons-en ».[136]

Je viens d'évoquer les critiques de Hans Jonas. Certes Jonas ne nie pas que la première requête de l'utopie soit l'abondance matérielle permettant de satisfaire les besoins de tous et que, par conséquent, l'essence même de l'utopie doive être la satisfaction du manque et le loisir pour tous. Mais il demeure persuadé que le progrès de la technique, accompagné d'une répartition plus égale des richesses produites par le capitalisme libéral, devrait tôt ou tard rendre superflues la lutte des classes et la réorganisation globale des rapports socio-économiques dans la perspective de la révolution sociale marxienne et dans celle de l'utopie concrète blochienne.

---

[136] Entretien avec Christine Goémé (France Culture), in Arno Münster, *Principe Responsabilité ou Principe Espérance ? (Hans Jonas, Ernst Bloch, Günther Anders),* Le Bord de l'eau, Lormont, 2010, p. 119 sq.

Dès les premières pages[137] de la quatrième et dernière section du *Principe Responsabilité*[138], la pensée « coriace » de l'utopie concrète et ce que Jonas nomme polémiquement « l'utopisme marxiste » de Bloch sont donc mis en cause comme étant une « eschatologie sécularisée », héritière de la religion. De même les concepts blochiens de « résurrection de la nature », d'« humanisation de l'homme » et de « naturalisation de la nature »(Marx) ainsi que celui de la transformation de la planète Terre en un globe devenu un « foyer plus habitable » (Heimat), ne trouvent plus aucune grâce aux yeux de Jonas. Il conteste ces concepts et ces vues, précisément au nom d'une philosophie de la nature qui, apparemment, ne veut pas reconnaître le postulat blochien d'une possible et fructueuse alliance de l'Homme avec la Nature ainsi que celui d'une possible réalisation, dans cette perspective, des *rêves utopiques d'un monde meilleur*. En soumettant tous ces concepts et ces théories à une « vérification terrestre », Jonas n'a apparemment pas beaucoup de peine à prononcer le verdict d'un « utopisme irréaliste » à l'adresse de cette pensée qu'il a tendance à classer comme « subversive », avec toute pensée se réclamant du matérialisme historique et dialectique, même s'il admet, par exemple, dans une note en bas de la page 332 du *Principe Responsabilité*, qu'il faudrait faire peut-être pour une fois une exception pour Bloch, « l'utopiste par excellence ». Mais, ajoute-t-il, « chez lui aussi la majeure partie est trop oraculaire pour pouvoir être représentée de façon concrète. »[139] En réalité, le problème crucial, pour Jonas, n'est pas la critique matérialiste (marxiste et morale) des

---

[137] Cf. Arno Münster, *Principe Responsabilité ou Principe Espérance ?(Hans Jonas, Ernst Bloch, G. Anders),* Le Bord de l'eau, Lormont, 2004, pp. 44 sq.

[138] Cf. Hans Jonas, *Le Principe Responsabilité*, trad. de l'allemand de Jean Greisch, Le Cerf, Paris, 1979.

[139] Op. cit., p. 332, note 1 en bas de page.

conditions d'injustice et de misère générées par le capitalisme, mais la promesse utopique d'une « transformation exaltante de l'homme, grâce à des circonstances jamais encore connues, ce qui représente à ses yeux une perspective « excessive ». Selon lui, les « damnés de cette terre » qui n'ont rien d'autre à perdre que leurs chaînes, n'avaient pas besoin du rêve d'un homme nouveau ou d'un quelconque royaume des cieux sur terre, pour chercher à obtenir une rédemption de leur situation intolérable, grâce à la nouvelle distribution des richesses et à la socialisation des grands moyens de production, une fois qu'ils avaient compris qu'elle était possible et qu'elle pouvait être obtenue sous la pression de leur solidarité »[140]. Avec ces affirmations, Jonas s'attaque en effet, d'entrée de jeu, aux intentions philosophiques du *Principe Espérance,* après avoir engagé apparemment trop vite la polémique avec cette pensée utopique, et après avoir rejeté, sans doute trop facilement et en bloc, les concepts-clés de cette philosophie marxiste de l'utopie concrète et de l'espérance qui ne revendique en réalité rien d'autre que le droit imprescriptible des hommes au rêve d'émancipation de toute servitude et de toute exploitation et à une vie meilleure. La question que Jonas, à ce propos, ne pose pas, est donc précisément la suivante : Comment les damnés de la terre auraient-ils pu alors s'organiser efficacement et en solidarité contre les formes les plus inhumaines de l'exploitation et de l'aliénation, s'ils n'avaient pas eux-mêmes aussi été guidés par ce rêve libérateur ? La solidarité est-elle exclusivement réductible à un mouvement collectif réactif ? Est-il possible d'organiser la résistance contre l'injustice, sans la référence simultanée à un idéal utopique, c'est-à-dire au rêve et souhait qu'une autre vie sur la terre est et sera possible ? Tout

[140] Op. cit.,p. 334.

cela n'est par pris en compte par Jonas.[141] Et cette faiblesse fragilise aussi, à mes yeux, sa tentative de réfutation du marxisme utopique de Bloch et de son ontologie du non-encore-être. Il convient de rappeler ici ce que Bloch a écrit, dans la Préface au tome premier du *Principe Espérance :*

« L'attente, l'espérance, l'intention dirigée vers la possibilité non encore devenue constituent non seulement une propriété fondamentale de la conscience humaine, mais aussi, à condition d'être rectifiées et saisies dans leur aspect concret, une détermination fondamentale au sein même de la réalité objective tout entière. Depuis Marx, il est devenu impossible à toute recherche de la vérité et à toute décision réaliste de se passer des contenus subjectifs et objectifs de l'espérance dans le monde ; à moins de sombrer dans la platitude ou d'aboutir à une impasse. La philosophie aura la conscience du lendemain, le parti pris du futur, le savoir de l'espérance, ou elle n'aura plus aucun savoir du tout. Et la nouvelle philosophie, telle que Marx l'a inaugurée, c'est aussi la philosophie du Nouveau, celui qui nous attend tous, pour nous anéantir ou nous combler (...)».[142]

Nul doute que la philosophie humaniste, utopique et révolutionnaire d'Ernst Bloch (1885-1977), l'auteur de la trilogie *Le Principe Espérance* (1959, tr. fr. 1976-1991), s'efforce avant tout de corriger les conceptions d'un matérialisme vulgaire et d'un marxisme-léninisme trop dogmatisé, en tentant de combler le *déficit utopique* d'une théorie matérialiste focalisée exclusivement sur la critique de l'économie politique et qui était devenu, à l'Est, sous Staline, la théorie de légitimation d'un socialisme bureaucratique, autoritaire et totalitaire. Or, chez Ernst Bloch,

---

[141] Cf. Arno Münster, *Principe Responsabilité ou Principe Espérance ? (H. Jonas, G. Anders, E. Bloch)*, Le bord de l'eau, Lormont, 2011, p. 45 sq.

[142] Ernst Bloch, *Le Principe Espérance,* t. I , trad. F. Wuilmart, Gallimard, Paris, 1976, p. 14.

l'utopie, le principal concept de cette philosophie, n'est plus considérée comme une rêverie abstraite ou comme l'esquisse imaginaire d'un État idéal du futur où règneraient la justice et l'égalité entre les hommes, mais elle est désormais définie comme principe organisateur d'une praxis de l'« utopie concrète », dans le cadre d'une philosophie de la praxis s'efforçant de faire une synthèse, via la médiation de la catégorie « possibilité », des « images de souhait » de la « conscience anticipante » et du « pré-apparaître utopique » avec la volonté de transformation du monde vers le meilleur, dans la perspective des enseignements des *Onze Thèses de Marx sur Feuerbach.* Ainsi Ernst Bloch tentera non seulement de redéfinir le marxisme comme « morale », mais aussi comme « science de l'avenir » du réel, c'est-à-dire comme une science orientée vers la perception et le pré-apparaître du non-encore-devenu et vers l'extériorisation des potentialités utopiques immanentes à l'être. (Il s'agit bien ici d'une « transcendance dans l'immanence ».)

En ce sens précis, Ernst Bloch était bien, comme cela a été souligné à maintes reprises dans la réception de son œuvre, « l'hérétique le plus productif » dans le marxisme du XXe siècle » (Oskar Negt), dont le combat philosophico-politique était un combat permanent pour l'utopie concrète, pour l'émancipation, pour la justice sociale et la vraie démocratie, et qui comme nul autre avait mis en évidence les traditions révolutionnaires refoulées de l'histoire allemande. Pour Bloch, souligna entre autres Oskar Negt, lors des funérailles du philosophe, à Tübingen, en 1977, « non seulement la vérité, mais aussi l'espérance et l'utopie sont concrètes, mais le processus révolutionnaire général dans lequel Bloch mettait toutes ses espérances, avec son travail de taupe, comme Hegel, déduit son contenu humain de la particularité, c'est-à-dire de l'émancipation de l'homme (…). Pour lui, « le signal de trompettes du *Fidelio* de Beethoven n'est pas seulement un symbole esthétique ; il est plutôt l'expression de l'espérance d'un homme particulier d'être libéré de la prison de la violence et de l'oppression immédiate ; et il est en même temps l'impératif catégorique du seul et possible comportement politique digne de l'homme, à savoir, de la résolution de renverser toutes les conditions dans lesquelles l'homme est un être humilié, asservi, abandonné et méprisable ».[143]

C'est cette résolution, cette détermination inébranlable, contrastant éminemment avec une attitude philosophique résignative à la Schopenhauer ou avec celle du vieux Horkheimer et du vieil Adorno, qui avait constamment stimulé Ernst Bloch pour achever cette encyclopédie systématique des images de souhait, des anticipations et de la fonction utopique dans les réalisations de l'homme, dans le monde, qu'est le *Principe Espérance.*[144] C'est cela qui distingue le système de pensée utopique (néo-marxiste) d'Ernst Bloch non seulement de la pensée critique d'Adorno, mais aussi de la pensée d'un « marxisme de la mélancolie » qui marque la pensée et l'œuvre de Walter Benjamin.[145] De ce fait la pensée utopique d'Ernst Bloch, cette pensée de l'utopie concrète, me semble se définir avant tout comme une nouvelle approche de la philosophie de la praxis, née sur des fondements hégéliano-marxistes, mais reformulée dans l'horizon de l'esprit de l'utopie – une philosophie de la praxis où « agir » signifie avant tout « résister » et « dégager », libérer les tendances proto-utopiques

---

143 Contribution d'Oskar Negt au volume « In memoriam Ernst Bloch » éd. par Karola Bloch et Adalbert Reif, E.V.A., Francfort-Vienne, 1978.

144 Cf. Bloch E., *Le Principe Espérance,* trois tomes, traduction de l'allemand par F. Wuilmart, Gallimard, Paris, 1976-1991.

145 Cf. à ce sujet : Arno Münster, *Progrès et Catastrophe, Walter Benjamin et l'Histoire (Réflexions sur l'itinéraire d'un marxisme mélancolique),* Kimé, Paris, 1996.

présentes, mais non encore réellement extériorisées de l'étant ; dépasser la facticité médiocre et souvent désespérante du réel, en vue de concrétiser les rêves et les utopies sommeillantes qui nous donnent la force de survivre et de résister contre les injustices, l'ennui et la désespérance, et d'oeuvrer à la construction d'un monde meilleur. Permettez-moi de citer un passage d'un article d'Ernst Bloch publié en 1936, dans la revue « Die neue Weltbühne » de Prague : « L'essence non-réalisée devient idéal et l'essence non encore réalisée, c'est la tendance. C'est pourquoi l'invariance dans l'histoire est seulement ce qui fait l'histoire, c'est-à-dire l'invariance des contenus devenus. C'est le manque, la carence de l'objet logique d'énonciation de ce qui est ; c'est la carence de l'essence objective de manifestation de l'essence du monde ; c'est la réalité, à mesure où l'essence de l'homme existe dans la puissance et dans la liberté de la dépasser jusqu'à des contenus d'expérience de la saturation du bonheur dans une patrie (un foyer) possible.» [146]

Ce passage comprend déjà trois concepts majeurs de la pensée blochienne et de son chef d'œuvre philosophique *Le Principe Espérance* (écrit pendant les années d'exil aux États-Unis, entre 1938 et 1949) : 1° le concept de *latence-tendance* (hérité de Leibniz et instrumentalisé par Ernst Bloch pour son système d'une ontologie « utopique » ouverte) ; 2° le concept de dépassement (« überschreiten »). (« Denken heisst überschreiten »/ « Penser – c'est dépasser, transcender. » C'est l'inscription qui est gravée sur la pierre tombale du philosophe au cimetière de Tübingen). Mais il ne s'agit nullement ici d'une transcendance au sens de la philosophie idéaliste « transcendantale » de Kant ou de Fichte, mais plutôt d'une *transcendance dans l'immanence*

[146] Ernst Bloch, *Tendenz-Latenz-Utopie*, Francfort, Suhrkamp, 1978,p. 264.

qui relie le sujet connaissant, rêvant de l'avènement d'un « monde meilleur », à une « matière utopique » dans laquelle il est dialectiquement impliqué ; et 3° le concept de « bonheur dans un foyer possible », un concept qui anticipe pour ainsi dire la conclusion de la trilogie blochienne du *Principe Espérance* où Bloch souligne que « la genèse réelle n'est pas au début, elle est à la fin, et elle ne commencera que lorsque la société et l'existence deviendront radicales, autrement dit se saisiront à la racine. » Or « la racine de l'histoire, c'est l'homme qui travaille, qui crée, qui transforme et dépasse le donné factuel. Dès qu'il sera saisi et qu'il fondera ce qui est sien dans une démocratie réelle, sans dessaisissement et sans aliénation, naîtra dans le monde ce qui nous apparaît à tous dans l'enfance et où personne encore n'a jamais été : le foyer (Heimat). »[147] Bien entendu, le concept de « latence » communique ici intimement et dialectiquement avec le concept de *tendance*, et ce dernier avec le concept d'*utopie*, au même titre que le concept du *bonheur* (si cher aux utopies revendiquant le droit au bonheur) s'enchevêtre dialectiquement avec le concept de *l'identité enfin trouvée*. Mais cette construction théorique est encore complétée par les concepts majeurs de « praxis », d'« anticipation » et d'« utopie ». Ainsi la contribution significative d'Ernst Bloch à la pensée et au néomarxisme du XXe siècle consiste-t-elle essentiellement, pourrait-on conclure, dans l'inscription du concept de « conscience anticipante » et d'« images de souhait » utopiques, dans la philosophie de la praxis du matérialisme historique et dialectique, qu'Ernst Bloch, dans une conférence, radiodiffusée en 1971, avait définie de la façon suivante : « Il est important qu'un pont soit jeté du concept d'utopie, scientifiquement et philosophiquement mis à l'épreuve, d'un concept d'utopie qui cesse d'être une in-

---

[147] Cf. Bloch, E., *Le Principe Espérance,* trois tomes, traduction de l'allemand par F. Wuilmart, Gallimard, Paris, 1976-1991.

sulte (et qui représentera une anticipation objective et possible), vers le substrat dialectique matériel du devenir et de l'événement, donc de la matière, à laquelle l'utopie appartient alors... ».[148]

En conséquence, la matière chez Ernst Bloch n'a donc plus rien à voir avec *l'hylé* d'Aristote, ou tout autre concept ou représentation d'une matière dans un sens physicaliste ou matérialiste vulgaire ; elle est plutôt le pur substrat des possibilités d'une ontologie du non-encore-être qui est extrêmement orientée vers l'avenir (vers le futur), c'est-à-dire vers la concrétisation des contenus des images de souhait utopiques. C'est d'ailleurs ici – et c'est important ! – qu'Ernst Bloch introduit – et c'est incontestablement l'héritage hégélien et marxien dans sa pensée – le concept de travail humain, à savoir celui de l'activité humaine qui ne peut agir que par le devenir-conscient d'elle-même, en tant que « praxis transformable », à la base de l'être matériel, ce qui détermine, selon Bloch, la conscience.[149]Autrement dit, dans cette philosophie matérialiste utopique (celle de Bloch), l'homme travaillant devient pour ainsi dire la figure suprême de la matière : la transformation et la genèse du nouveau, fermentant déjà dans la nature, ne sont que l'œuvre de l'homme travaillant. À noter aussi à ce propos qu'Ernst Bloch affirme clairement, dans son livre sur Hegel: *Sujet-objet. Éclaircissements sur Hegel,* que la finalité de cette dialectique à la fois processuelle et utopique s'exprime dans le fait que « rien ne restera comme il nous est donné », que « le nouveau meilleur peut toujours naître par la force productrice dans la connaissance dialectique révolutionnaire », et que cela soit rendu possible par la dialectique réelle de la matière elle-même où « il ne restera que

[148] Bloch, Ernst, *Tendenz-Latenz-Utopie*, Francfort, Surhrkamp, 1978, p. 264.
[149] Op. cit., p. 280-281 (Citation traduite de l'allemand par l'auteur, A.M.).

pierre sur pierre » et où seulement par l'activité de l'homme connaissant et actif, en tant que figure ultime de la matière, puissent être construites des pierres modèles » (...), à savoir une maison et un foyer.[150]

Ernst Bloch postule donc une unité dialectique de l'homme et de la nature où l'homme agit en tant que sujet actif et où, pour le dire encore une fois dans les termes du livre d'Ernst Bloch sur Hegel, « la conscience humaine est l'œil et en même temps l'organe théorético-pratique de la matière [utopique]».[151] Elle est donc la preuve qu'au désir de l'homme correspond une réalité hypothétique future. [« L'expérience est une qualité humaine spécifique, mais dans l'homme espère en même temps la matière ».[152]] C'est à l'analyse de ce « principe utopie », c'est-à-dire à ses diverses concrétisations dans la production culturelle, dans l'art et la littérature, dans l'architecture et la musique, et à son enchevêtrement avec le projet utopique d'une « naturalisation de l'homme et de l'humanisation de la nature » qu'Ernst Bloch a consacré sa grande trilogie philosophique *Le Principe Espérance*, qui constitue dans l'ensemble une sorte d'herméneutique des diverses formes de production culturelle et artistique des potentialités utopiques ou proto-utopiques dans les créations des hommes, mais qui ne veut pas être une simple théorie des « formes symboliques », comme la philosophie néo-kantienne de la culture d'Ernst Cassirer, dans la mesure où elle met l'accent, à la différence de ce disciple de Hermann Cohen et de l'École de Marbourg, sur les anticipations utopiques dans les œuvres d'art et leur « contenu de vérité (utopique). Mais cette encyclopédie des rêves et du « rêver-en-avant » comporte aussi un dialogue critique avec Sigmund Freud, notamment avec

[150] Bloch, Ernst, *Sujet-Objet. Eclaircissements sur Hegel*, trad. de l'allemand par Maurice de Gandillac, Gallimard, Paris, 1981, p. 40.
[151] Op. cit., p. 41.
[152] Op. cit., p. 42.

L'Interprétation des rêves (1900) de Freud, au cours duquel Bloch substitue volontairement le concept de « préconscient »(Vorbewusstes) au concept d'inconscient » (das Unbewusste), et celui du « rêve diurne » (Tagtraum) et du « rêver-en-avant » (nach vorwärts träumen) au concept freudien de « rêve nocturne » (Nachttraum).[153]

La critique de la métaphysique traditionnelle et en même temps la volonté de sauvegarder certains concepts théologiques pour une vision du monde et une philosophie de l'histoire à la fois matérialiste et messianique, unissent sans nul doute Ernst Bloch et Walter Benjamin dans l'effort commun d'affronter, sur le front philosophique de l'époque, à la fois le néo-kantisme, la philosophie positiviste de la science, le vitalisme, le relativisme, tous les courants irrationalistes et fascisants de la pensée conservatrice de son époque (représentée par Spengler, Klages, Bäumler, etc.), et de défier aussi, simultanément, les courants dogmatiques et vulgarisateurs du marxisme, évoluant, sous le poids du révisionnisme social-démocrate et de la dogmatisation stalinienne, vers une canonisation qui faisait de plus en plus disparaître le vrai visage de la philosophie de Karl Marx. Pour Bloch, comme pour le jeune Horkheimer, le jeune Adorno et Walter Benjamin, la découverte des *Manuscrits philosophico-économiques* (1844) de Marx par Ryazanov (en 1932) ainsi que les graves erreurs commises par les partis politiques marxistes, à l'époque de la République de Weimar, face la montée du fascisme en Allemagne, étaient des événements théoriques et politiques majeurs qui le stimulaient à esquisser les fondements théoriques du matérialisme historique et dialectique de Marx et d'Engels et d'une philosophie marxiste de la praxis en général, à la lumière des tâches nouvelles résultant de cette situation complexe. Mais en même temps, Ernst Bloch s'efforça surtout de ré-

---

[153] Cf. Ernst Bloch, *Le Principe Espérance*, t. I, p. 72-75.

habiliter, au sein même de la discussion théorique marxiste contemporaine, le concept d'*utopie* et plus précisément les approches socialistes-utopiques (Saint-Simon, Fourier, Owen...) etc., dans la pensée matérialiste du XIXe, dans le but évident de renouveler, de revitaliser la vision du monde et la philosophie marxiste du XXe siècle, par la réactualisation de cette tradition de pensée socialiste utopique refoulée – trop refoulée par les tendances d'un « socialisme scientifique », inaugurée et fondée par Marx et Engels, et dogmatisée, ensuite, notamment par les théoriciens soviétiques du « marxisme-léninisme », jusqu'à l'effacement total des toutes dernières « traces utopiques » dans le marxisme, par Staline...

Mais Ernst Bloch, pourrait-on objecter, en voulant inverser à tout prix la tendance, n'est-il pas éventuellement allé trop loin dans la réévaluation de cet héritage utopique du socialisme ? Ne s'est-il pas ainsi trop éloigné de Marx, en négligeant, par cette réécriture philosophique de l'histoire des utopies, le fondement majeur du matérialisme historique et dialectique, à savoir, la critique de l'économie politique que Marx et Engels, que les fondateurs du matérialisme historique et dialectique considéraient comme leur démarche philosophique prioritaire ? Et n'a-t-il pas accordé ainsi, au cours de cet élan de refondation du marxisme, à la lumière des *utopies*, du *rêver-en-avant* et de *l'utopie concrète*, une place trop importante aux croyances et à la religion ? N'a-t-il pas éventuellement ainsi fourni, indirectement, des arguments à ses adversaires, au sein même du camp « marxiste-léniniste », notamment en Allemagne de l'Est et en Union soviétique, qui n'hésitaient pas à l'accuser de « mysticisme » et de « révisionnisme »[154] ?

[154] Cf. la série d'articles critiques publiée par R.O.Gropp, pour dénoncer le « révisionnisme » d'Ernst Bloch, dans le journal « Neues Deutschland », en décembre 1956.

Évidemment, et contrairement à la démarche des pères fondateurs du socialisme scientifique, Ernst Bloch, le philosophe marxiste de l'espérance et de l'utopie, s'est efforcé de renouer le dialogue interrompu du marxisme avec la pensée utopique, en choisissant une voie différente : non plus celle de la critique matérialiste de ces constructions imaginaires d'un État idéalisé ou règnent justice et égalité, comme chimères « correspondant à l'état d'immaturité du prolétariat » (Marx), mais en mettant en relief et en soulignant plutôt la fonction positive des utopies et de la pensée utopique (pré-marxiste) en général, comme anticipations de ce qui pour Ernst Bloch est toujours, dans une certaine mesure, le but et la substance même du marxisme, à savoir *l'utopie concrète*. On peut donc caractériser, comme le fait à juste titre le *Dictionnaire critique du Marxisme* de Georges Labica et de Gérard Bensussan [155], la pensée d'Ernst Bloch comme une tentative de vouloir seulement sauvegarder « l'esprit des utopies » pour la philosophie du marxisme, mais en intégrant ainsi toutes les puissances de l'utopie à une philosophie matérialiste critique et utopique dont le fondement sera désormais une *ontologie utopique* dont un des concepts-clés sera *l'anticipation utopique* dans la conscience. Mais l'effort théorique d'Ernst Bloch ne s'arrête pas là ; car loin de vouloir esquisser ainsi simplement une autre version d'une philosophie matérialiste et dialectique de l'avenir, il veut avant tout repenser, réactualiser et refonder en un sens le concept d'utopie, au-delà de sa signification traditionnelle, en lui conférant un sens beaucoup plus haut et plus profond, précisément à partir des affects d'attente de la conscience anticipante, notamment de l'espérance qu'il opposera au concept kierkegaardien et heideggerien de l'angoisse. (Ernst Bloch appelait Heidegger toujours, ironiquement, « le professeur angoisse et souci »).

[155] Cf. Labica, G., Bensussan (G.) : *Dictionnaire critique du marxisme,* PUF, Paris, 1982, p. 1191.

Il s'agit pour Bloch essentiellement d'esquisser, à partir de l'imagination créatrice, de l'attente messianique et à partir des images de souhait utopiques, une pensée de l'espérance qui – et sur ce point précis la démarche blochienne peut paraître assez osée – s'efforce d'intégrer une métaphysique de l'espérance dans une philosophie matérialiste, dialectique et critique qui, étant née à peu près dans les mêmes conditions historiques que la pensée de Gramsci, de Lukacs, de Sartre ou celle de l'*École de Francfort* (Adorno, Horkheimer, Benjamin, Marcuse...), partage quand même, relativement à la critique de *l'aliénation*, de la *réification*, de la *domination* et de *l'exploitation*, les options fondamentales de ces autres grands représentants d'une pensée critique de l'émancipation au XXe siècle.

Or, ce qui vient d'être dit sur le rôle de la fonction utopique dans la pensée d'Ernst Bloch devrait, je l'espère, permettre aussi de mieux comprendre pourquoi le concept blochien d'« utopie concrète » (si mal compris par certains, mais utilisé aussi par certains, comme par exemple dans le domaine de l'architecture, en France, par Roland Castro) se déploie, essentiellement, dans la pensée d'Ernst Bloch, dans une triple dimension : éthique, politique et esthétique, dont chacune revendique la concrétisation du *rêve d'un monde meilleur*, d'une *vie autre* (sans exploitation, sans aliénation, sans domination) et d'une société vraiment juste, égalitaire, fraternelle et démocratique. Dans le domaine esthétique, notamment, cette volonté utopique est étroitement associée, par exemple dans le chapitre du *Principe Espérance* consacré aux « utopies architectoniques », à une volonté d'art nouvelle qui ne peut être que celle de l'imagination utopique. En évoquant les peintures architecturales de Pompéi ou les dessins des loges des constructeurs du Moyen Âge (qui sont à l'origine de la construction des cathédrales gothiques), Bloch souligne surtout qu'avant toute exécution il y avait toujours une image utopique de l'édifice qui les guidait dans le travail en vertu de sa perfection.[156] La construction était alors toujours « celle de la construction basée sur des canons de perfection, en considération d'un modèle symbolique auquel on croyait. » Et ce modèle guidait l'exécution de l'ouvrage et non seulement comme l'archétype, son rêve et son projet ante rem, il constituait la règle des règles magistrales elles-mêmes. Et alors, affirme Bloch, « la grande volonté d'art architectonique (celle précisément qui conduisit aux projets des cités radieuses), était dans chaque cas particulier la même que l'intention symbolique traditionnellement à l'œuvre dans l'idéologie du vieil artisanat de la construction. »[157] Il s'agissait donc de « s'approcher d'une existence imaginée et considérée comme paradigmatique, et de la cerner dans la représentation appelée à la refléter. »[158] En mettant en évidence ce paradigme de l'imagination utopique concrète, Bloch veut avant tout souligner que, par exemple, « les colonnes de pierres druidiques tout comme les ziggourats babyloniennes, la pyramide égyptienne, tout comme le temple grec mis à la mesure de l'homme, la Roma quadrata, voire le marché slave de forme circulaire, obéissaient tous, à partir de leurs symboles respectifs issus de la superstructure, à d'autres impératifs qu'à ceux de la matière première, de la technique et du but immédiat ; la cathédrale gothique ne constituait pas une exception vis-à-vis de ces impératifs. » À propos des loges de constructeurs du Moyen Âge, Ernst Bloch tient aussi à souligner que « la formule à laquelle croyaient toutes ces loges, celle devant permettre de réaliser leur « édifice utopique », traduit avant tout la tentative d'imitation d'un édifice cosmique ou alors christomorphe considéré comme suprêmement parfait ».[159] Il insiste en

---

[156] Cf. Bloch, Ernst, *Le Principe Espérance,* t. II, p. 323.
[157] Op. cit, p. 325.
[158] Ibid.
[159] Op. cit.,

effet beaucoup sur le fait que ce sont apparemment les « plans primitifs du temple de Salomon (de la Kabbale) qui ont influencé les premières basiliques chrétiennes presque un siècle encore après sa destruction » et que « les loges des constructeurs médiévaux voyaient en lui le modèle de l'architecture sacrée par excellence. »[160] Comme le gothique ne fait qu'imiter en architecture l'arbre de la vie[161], les cités planifiées et les villes idéales ne traduiraient que « l'utopie de la clarté géométrique du nouvel urbanisme bourgeois ». Mais le principe-guide de l'imagination utopique se concrétisant dans tous ces projets de la cité radieuse, idéale, n'est pas le même pour les utopies libertaires (à la Charles Fourier) et pour les utopies de l'ordre (Campanella) ; car, « tandis que l'utopie sociale de Thomas More décore l'État qu'elle considère comme le meilleur, de maisons particulières, de construction en terrasses, de cités-jardins à la structure très lâche, l'utopie autoritaire de Campanella dépend cent ans plus tard des vastes immeubles d'habitation, des constructions tout en hauteur et d'une cité entièrement centralisée. Avec ses murs concentriques, ses fresques murales cosmiques, la disposition circulaire de l'ensemble, c'est le tracé mathématique rigoureux qui règne ici en maître, conséquence de l'utopie de l'ordre, ou peut-on même dire, de l'utopie déterminée par l'astrologie. »[162] Ernst Bloch souligne à ce propos que « depuis les projets d'urbanisme baroque, le mot d'ordre de toute cité bourgeoise idéale est resté la géométrie au niveau de l'ensemble. Il n'en a été autrement que dans la seconde moitié du XIXe siècle (...) où l'urbanisme fut non seulement contrecarré, mais carrément anéanti par l'économie du profit individuel. »[163] Et au courant du XXe siècle, pourrait-on complé-

[160] Op. cit., p. 328.
[161] Op. cit., p. 332.
[162] Op. cit., p. 355.
[163] Ibid.

ter cette argumentation, cette tendance a été qu'aggravée jusqu'à noyer dans une architecture fonctionnaliste froide et inhumaine, faite d'acier et de béton, les rêves utopiques qui trouvaient encore leur expression adéquate dans certaines architectures et constructions du XIXe siècle, notamment dans les *Passages parisiens.* Si Ernst Bloch insiste donc à tel point, au cours de son parcours encyclopédique sur les utopies, sous toutes leurs formes, sur la *fonction utopique de l'imagination créatrice*, c'est parce que celle-ci n'est à son avis que le transfert, la médiation dans le matériau concret des contenus et rêves de la conscience anticipante ; et c'est parce qu'il est persuadé que les « images de souhaits utopiques» qu'elle comporte et qu'elle extériorise de diverses manières, sont toujours dialectiquement médiatisées avec la fonction concrète d'un « rêver-en-avant ». Il y a donc dialectique et un enchevêtrement étroit entre le sujet (créateur) et l'objet. Cela ne veut dire rien d'autre que le « contenu de l'espérance en tant qu'acte éclairé par la conscience, explicité par le savoir, est précisément la fonction utopique positive », c'est-à-dire le contenu historique de l'espérance évoqué dans les représentations, sondé encyclopédiquement dans des jugements réels, et la culture humaine axée sur son horizon concrètement utopique.[164] Ainsi Bloch, par le classement des utopies en « utopies de l'ordre » et en « utopies libertaires », procède-t-il en réalité à une positivation des utopies en général, malgré la critique lucide concernant les utopies de l'ordre qui ne sont que des anticipations d'une société totalitaire strictement hiérarchisée. Et c'est cette positivation des utopies, dans sa propre philosophie sociale, qui distingue évidemment sa pensée du pessimisme civilisationnel des pères fondateurs de l'École de Francfort (Adorno-Horkheimer...). On peut cependant relever ici une certaine proximité de vues d'Ernst Bloch avec Karl Mannheim pour lequel les utopies sont principa-

[164] Ernst Bloch, *Le Principe Espérance,* t. I, p. 179.

lement des représentations transcendantes de l'être (et de ce fait distinctes des idéologies) et qui sont nécessairement « subversives » par rapport à l'ordre social existant (ce qui a aussi été souligné par Paul Ricœur).[165] S'il y a une assez grande convergence entre la pensée marxiste utopique d'Ernst Bloch et celle du jeune Horkheimer, précisément au niveau de l'élaboration des bases théoriques pour une nouvelle *philosophie de la praxis,* s'affirmant à la fois comme une philosophie matérialiste critique (néo-marxiste), comme théorie critique de la société et comme philosophie sociale marquée par une assez grande ouverture aux découvertes de la psychanalyse et des sciences sociales modernes, la présence de motifs théologiques dans l'œuvre de l'auteur du *Principe Espérance* est, incontestablement, un autre trait spécifique de la pensée d'Ernst Bloch, comme de celle de son ami Walter Benjamin, même si tout indique qu'il s'agit là beaucoup plus d'une pensée « athée religieuse » (pour reprendre le terme de Michael Löwy), s'efforçant de mettre en évidence les éléments « athées »[166] dans le christianisme, que de l'affirmation réelle d'une croyance religieuse, juive ou chrétienne. Par conséquent, la lecture de l'œuvre d'Ernst Bloch devrait aussi nous inciter à réfléchir non seulement sur les fructueuses convergences théoriques blochiennes avec la *théologie de la libération* (en Amérique latine) (avec les frères Boff, au Brésil, avec Gutierrez, au Pérou, ou Ernesto Cardenal, au Nicaragua), mais aussi sur l'impact réel de sa mise en cause radicale d'un marxisme trop dogmatisé (canonisé) et sur le nexus dialectique *utopie-praxis,* dans une pensée critique dont une des caractéristiques majeures est en effet l'insistance sur un système de pensée critique toujours ouvert à l'expérimentation et à

[165] Cf. Paul Ricœur, *L'Idéologie et l'Utopie*, trad. de l'américain par Myriam Révault d'Allonnes et Joël Roman, Le Seuil, Paris, 1997.
[166] Cf. Bloch (E.), *L'athéisme dans le christianisme,* trad. G. Raulet, Gallimard, Paris, 1978.

l'imagination créatrice (utopique) et sur un concept de *praxis émancipatrice* qui ne reprend, en le reformulant, que le postulat marxien de la nécessité de transformer le monde de façon révolutionnaire.[167]

C'est donc par un enchaînement extrêmement productif des concepts et des contenus conceptuels de l'espérance avec les concepts d'« anticipation », d'« utopie » et de « praxis » qu'Ernst Bloch s'efforce d'intégrer la dimension messianique de l'espérance, non seulement dans le *Principe Espérance* mais dans pratiquement toute son œuvre philosophique, dans une philosophie de la praxis qui est essentiellement fondée sur la redéfinition du concept de praxis par Marx, dans les *Onze Thèses sur Feuerbach*[168], mais qui présente aussi quelques affinités théoriques avec le messianisme utopique de la philosophie de l'action de Moses Hess[169] ainsi qu'avec la philosophie de la praxis d'Antonio Gramsci[170]. En même temps [et cela semble confirmer l'influence (limitée) que la psychanalyse freudienne a exercée sur la pensée d'Ernst Bloch], l'espérance et ses figures d'objectivation, ses contenus et ses structures, sont mis en rapport direct avec les « images-souhaits » utopiques et les concrétisations du « rêver-en-avant »[171]. Si ces dernières ne sont définies essentiellement que comme des figures de la « conscience anticipante », leur transformation dans la réa-

---

[167] Cf. Bloch (E.), *Experimentum Mundi,* trad. G. Raulet, Paris, Payot, 1981.

[168] Cf. Bloch (E.), *Le Principe Espérance,* tome I, chap. 19, *La transformation du monde ou les onze thèses de Marx sur Feuerbach,* Op. cit., p. 301-34.

[169] Cf. Hess (Moses), *Philosophie et l'action ; socialisme et communisme ; les derniers philosophes,* in : Bensoussan (Gérard), Moses Hess, *La Philosophie, le socialisme*, Paris, PUF, 1985.

[170] Cf. Gramsci (Antonio), *Cahiers de Prison. Cahiers 10, 11, 12 et 13*, Gallimard, Paris, 1978.

[171] Cf. Ernst Bloch, « Les souhaits les plus mûrs et leurs images », in *Le Principe Espérance,* t. I, Gallimard, Paris, 1976, p. 43-50.

lisation concrète des champs de possibilités réels ne peut s'effectuer, selon Bloch, que si celle-ci est guidée et mise sur la bonne voie par la puissance de l'espérance orientée vers l'avenir. Le cheminement esquissé ici (je renvoie au 1er grand chapitre du 1er volume du *Principe Espérance*) va de la somnolence demi-consciente et du rêve diurne du sujet particulier jusqu'à l'« éveil », de « l'éveil » à la décision d'agir, en accord avec le possible, et de là jusqu'à la praxis guidée par les images-souhaits de l'anticipation utopique, qui n'est pas forcément la praxis d'un sujet solipsiste isolé de son environnement et de la société, puisqu'elle inclut explicitement le passage d'un sujet individuel vers un sujet collectif, donc du « Je » vers le « Nous ». Comme la démarche blochienne est distincte de celle de la phénoménologie husserlienne, même si Bloch utilise aussi le terme de « phénoménologie » [de la « conscience anticipante »], il ne peut pas se contenter d'une simple description « phénoménologique » des formes d'objectivation de la conscience, mais il doit analyser en revanche les diverses formes de médiation existant entre la « conscience anticipante », comportant les images utopiques et leur « pré-apparaître », et la praxis, en suivant de près la démarche dialectique hégélienne ; il s'agit aussi, pour Ernst Bloch, de libérer le sujet (concrétisant ses images utopiques dans la praxis) de sa « prison » monadologique (solipsiste) et d'esquisser les possibilités concrètes de la participation pratique du sujet individuel « rêvant en avant » à l'action politique d'émancipation collective.

Ernst Bloch ne choisit donc pas la méthodologie de la phénoménologie husserlienne ou sartrienne, c'est-à-dire la voie de la description des « actes intentionnels » de la conscience (Husserl), mais il esquisse, afin de trouver un fondement ontologique de cette philosophie de la praxis (élargie par la dimension du rêve et du « rêver-en-avant »), sa propre « ontologie du non-encore-être » qui en un sens plus étroit n'est plus une ontologie au sens classique du terme mais plutôt une tentative de donner a posteriori un fondement ontologique à cette pensée placée d'une façon si spectaculaire sous le signe de l'utopie, de l'anticipation, de l'émancipation et de l'espérance. Une des caractéristiques de cette « ontologie du non-encore-être » est, effectivement, qu'elle relie, dialectiquement, contrairement aux ontologies traditionnelles, le concept de « non-encore-être » au concept de « pouvoir-être » voire de « l'être-en-puissance » (emprunté au Livre Theta de la « Métaphysique » d'Aristote, mais aussi à Schelling.). Autrement dit, ce sont les notions d'« être » et de « non-être » qui sont en permanence dépassées par le concept de « pouvoir-être » (esse in potentia (Aristote)). Mais ce qui compte avant tout, pour Ernst Bloch, et c'est cela l'influence déterminante de la philosophie schellingienne (Cf. Schelling, *Les Âges du Monde*), c'est la notion de « l'être-en-processualité ». Mais ce concept est non seulement appliqué par Ernst Bloch, comme dans la philosophie de Schelling, à la nature, mais à l'être en général. – Mais quel est exactement le statut du « non », dans cette ontologie blochienne du *non-encore-être* ? Force est de constater que le « non » n'est pas une pure négativité ou un moment de puissance destructrice voire une qualité purement destructrice, mais, comme pour Hegel et pour Marx, une force à la fois négative, productrice et « enceinte » d'avenir, c'est-à-dire quelque chose qu'Ernst Bloch désigne aussi, dans une certaine proximité à l'égard de la philosophie de la nature de Schelling et surtout de Hegel, comme un « gestatif au-dessous de tout devenir », dont la négation pousse en avant de façon dialectique et utopique, dans le processus réel de l'être. Il n'a qu'une qualité destructrice limitée dans la mesure où il apparaît aussi dans la dialectique matérialiste comme « la contradiction qui dissout l'être devenu ». Mais cette contradiction ne produit pas vraiment l'unique sursomption du devenir dans un cadre spatiotemporel donné, mais elle se manifeste en tant que contradiction permanente à mesure où ce qui est chaque fois déterminé et réalisé doit forcément devenir, à chaque degré de l'être-devenu, sa propre limite parce que « aucun être devenu représente un être parfait dans la tendance envers le Tout ».[172] Autrement dit, Ernst Bloch s'approprie la méthode hégélienne de la dialectique de telle façon qu'aucun être-devenu ne puisse plus être pensé sous une forme figée et sans ce moment mordant du négatif du « non » voire du « non encore ». En même temps, ce moment ontologique du « non-encore » s'enchevêtre avec le Sujet fini, à savoir avec l'affect d'attente du Moi, et notamment de l'espérance comme premier affect, de telle façon que la qualité processuelle de l'être devienne pour ainsi dire le fondement matériel de « l'utopianisation » de l'attitude d'attente de l'espérance.[173] C'est la liaison dialectique des deux instances qui rend possible la transformation du monde dans l'horizon de la production/ concrétisation des qualités utopiques tendanciellement présentes en lui, et en mettant cette dialectique au centre même de sa pensée et de son œuvre, Ernst Bloch esquisse en même temps une nouvelle philosophie de la praxis qui enrichit de manière considérable la théorie marxiste du XXe siècle. Finalement, force est de constater que le fait que Bloch ait voulu consacrer son tout dernier ouvrage à la mémoire de *Rosa Luxemburg* est tout à fait révélateur pour le combat mené par l'auteur du *Principe Espérance,* à la fois sur le front philosophique et politique, et pour le second tournant décisif dans sa pensée politique qui s'est produit en 1956, pendant et après l'insurrection hongroise. Car ce livre – comme le

[172] Bloch, E., *Le Principe Espérance,* t. 1, p. 360.

[173] Cf. Bahr (Hans-Dieter) : „Ontologie und Utopie", in Schmidt (Burghart), *Materialien zu Ernst Blochs Prinzip Hoffnung",* Francfort, Suhrkamp, 1978, p. 291 sqq.

prouve son grand discours sur Marx[174] à Trêves, en mai 1968, prononcé à l'occasion du 150e anniversaire de Karl Marx – atteste la rupture définitive du philosophe avec le stalinisme à l'égard duquel il avait été apparemment trop complaisant, à certains moments, notamment en 1936-37, lors de l'organisation des « Procès de Moscou »[175], et aussi, peut-être, pendant les premières années de son magistère à l'université de Leipzig, entre 1949 et 1955, alors que cela était en contradiction avec sa propre philosophie marxiste résolument humaniste et non dogmatique. Comme ami personnel de Bertolt Brecht, de Hans Mayer et de Hans Eisler (l'auteur de l'hymne national de la RDA), Ernst Bloch avait en effet assumé, pendant sept ans – en tant que directeur de l'Institut de philosophie de l'Université Karl-Marx de Leipzig et directeur (avec Wolfgang Harich) de la « Deutsche Zeitschrift für Philosophie » – le rôle et la fonction du « philosophe officiel » de la RDA. Mais comme les documents trouvés après la chute du Mur de Berlin et la réunification allemande, dans les archives de la *Stasi* à Berlin et dans les archives de l'université de Leipzig l'attestent, Bloch, s'était, certes prudemment, au début, mais ensuite de plus en plus résolument engagé, dès 1955, sans avoir jamais réellement adhéré au Parti, du côté de l'opposition de gauche, démocratique, au sein même du Parti Communiste est-allemand (SED), en appuyant les forces oppositionnelles à la politique ouvertement stalinienne de Walter Ulbricht, le premier secrétaire du SED, à savoir le groupe oppositionnel autour du professeur de sociologie Wolfgang Harich, à Berlin-Est.[176] Comme Brecht et Eisler, Bloch

---

[174] Cf. Ernst Bloch, *Experimentum Mundi.* (Question, Catégories de l'élaboration, praxis), Payot, Paris, 1981.

[175] Cf. Ernst Bloch, *Über Karl Marx*, Suhrkamp, Francfort, 1968.

[176] En mars 1937, Ernst Bloch publia en effet dans la revue communiste "Die Neue Weltbühne » de Prague, un article justifiant la terreur stalinienne et la condamnation à mort de Radek « et des traîtres trotskystes », dans le cadre d'un procès politique monté de toutes pièces

avait quand même eu le courage de dire des fois « non » à certaines pratiques bureaucratiques du parti et de mettre en garde contre une dangereuse « russification » de la théorie et de la pratique du marxisme, à l'Est (ce qui était très mal vu par les apparatchiks du SED). Surveillé par la *Stasi*[177] (la police politique du régime communiste de l'ex-RDA, depuis 1955), Ernst Bloch aurait dû lui aussi être arrêté et condamné, dans le cadre d'un « procès contre Socrate », que la justice du régime avait déjà préparé contre lui, depuis décembre 1956. Ce n'est qu'au tout dernier moment – je le souligne dans ma biographie[178] d'Ernst Bloch – que le projet d'arrestation et d'accusation officielle de Bloch comme « révisionniste » avait été abandonné, suite à certaines discordances au sein même du Comité Central et surtout suite aux craintes d'un membre éminent du Comité Central, Kurt Hager (qui avait beaucoup d'influence sur Walter Ulbricht, le n° 1 du régime de la RDA) qu'une arrestation et condamnation d'Ernst Bloch pourrait discréditer davantage le régime de la RDA, précisément par une action extrêmement impopulaire, susceptible de déclencher de violentes protestations internationales. Les documents consultés aux ar-

---

par Staline, arguant que ce serait un moyen légitime de Moscou (la citadelle socialiste assiégée comme autrefois Paris, après la Révolution française, par ses ennemis de l'intérieur et de l'extérieur) de se défendre. Lors de la préparation du volume 11ème de ses « Œuvres complètes » en allemand, comportant ses écrits politiques (*Politische Messungen, Pestzeit, Vormärz*, Francfort, Suhrkamp, 1970), Ernst Bloch écartait cet article. La découverte de cette « autocensure » provoqua un petit scandale, lorsque le germaniste allemand Walter publia, dans le journal allemand « Frankfurter Rundschau », en décembre 1970, un article polémique accusant Ernst Bloch d'avoir volontairement censuré ses propres écrits politiques des années 30.

[177]Cf. à ce propos l'excellente étude de Sonia Combe : *Une société sous surveillance. Les intellectuels et la Stasi*, Albin Michel, Paris 1999, p. 123 sq. (« *Ernst Bloch, Une surveillance pour l'exemple »).*

[178] Cf. Arno Münster, *L'Utopie concrète d'Ernst Bloch. Une biographie,* Kimé, Paris, 2001, p. 265-266.

chives de l'université de Leipzig attestent aussi qu'Ernst Bloch avait toujours, certes timidement, au début, œuvré en faveur d'une démocratisation du régime, en soulignant, d'abord en privé, puis aussi en public, que le vrai socialisme, ce n'était pas « la dictature bureaucratique des apparatchiks en RDA » ou en Union Soviétique, mais une société juste et égalitaire où devraient régner la fraternité et la solidarité. De tout cela, on ne peut conclure que, face aux réalités « grises » du socialisme réellement existant à l'Est, la pensée politique d'Ernst Bloch avait donc évolué, progressivement, vers le « luxemburgisme », vers l'apologie d'un « socialisme à visage humain » et vers ceux qui, en RDA, défendaient, comme Wolfgang Harich, tout en étant une infime minorité, une « voie allemande, démocratique au socialisme. » C'est la raison pour laquelle Ernst Bloch avait salué avec enthousiasme le « printemps de Prague » et toutes les autres tentatives de « dégel » qui se sont produites auparavant en Pologne (1956) et en Yougoslavie. Son départ de l'Est à l'Ouest, en août 1961, quelques jours seulement avant la construction du Mur de Berlin, ne changea en rien son attitude politique fondamentale ; car continuant de s'affirmer marxiste, une fois installé à Tübingen, Bloch va rejoindre les étudiants contestataires ouest-allemands, signer des pétitions contre la guerre du Vietnam, militer contre les « lois d'urgence », en Allemagne de l'Ouest, et participer encore en tant qu'octogénaire à des manifestations publiques à Tübingen, à Francfort, à Hambourg et à Berlin. Saluant le « Printemps de Prague » comme réalisation de « l'utopie concrète » du socialisme, il nouera une amitié sincère avec Rudi Dutschke (le leader des étudiants allemands en révolte) et tentera de se réconcilier aussi avec Adorno avec qui il avait rompu en 1942 (suite à un grave malentendu). Dans une allocution qui se fit remarquer, il déclarera devant un public qui l'applaudit avec enthousiasme, en présence de Willy Brandt, le 18 mai 1968 à

Trêves, lors de la commémoration du cent cinquantième anniversaire de Marx, au Théâtre municipal de cette ville :

« Le vrai humanisme ne correspond (...) qu'à ce paradoxe pour tous les empiristes qui se dénomme, depuis les années vingt, « utopie concrète ». Ce n'est que d'apparence une contradiction in adjecto voire un fondement de l'utopique dans le concret-ouvert de la matière de l'histoire, dans la nature-matière d'elle-même ; en tant que possible objectif-réel qui entoure le réel d'une énorme latence, en attribuant la vraie potentialité du monde à la puissance de l'espérance humaine. En ce sens précis, l'utopie concrète implique, dans le matérialisme dialectique, le « novum » d'un matérialisme utopico-dialectique, afin qu'il ne ferme pas, contre les promesses données, les perspectives du but. C'est un champ assez large qui est habité par la matière en tant qu'être-en- possibilité, et en tant que potentialité en gestation envers de nouveaux modes d'être, tendant vers la « naturalisation de l'homme » et « l'humanisation de la nature », comme le note Marx dans les *Manuscrits économico-philosophiques* de 1844, à propos de l'absence des buts lointains. En somme : l'inhumanité de notre monde aurait et aura sûrement encore beaucoup à craindre d'un vrai anniversaire du marxisme. Plus de rapports maître-esclave. Ce qui est bon et juste – une fois libéré de la limonade et du catéchisme – pourrait enfin pousser un cri de soulagement ayant enfin acquis la liberté – sans les affaires : l'éthique – sans maître et esclave – l'art – sans croyance et illusion et sans superstition. Cela pourrait enfin nous conduire, lors du bicentenaire [de la naissance de Marx] [nous nous rapprochons de cette date, ce sera en 2018 !], à une commémoration, une fête concrète qui ne coïnciderait plus avec les révoltes des noirs, la famine en Inde ou avec le fascisme renaissant. Prométhée, disait le jeune docteur Marx, c'est le saint le plus noble dans le calendrier philosophique. Ce qu'il voulait dire c'est qu'il ne sera plus cloué encore une fois au rocher ou à la croix. Au contraire « Quod erit demonstrandum. Ce qui devra être prouvé. »[179]

[179] Ernst Bloch, *Marx, aufrechter Gang, konkrete Utopie,* Suhrkamp, Francfort, 1968, p. 177 ; Cf. aussi Arno Münster, *L'utopie concrète d'Ernst Bloch. Une biographie*, Kimé, Paris, 2001, p. 25.

IV - DIGNITÉ HUMAINE, STATION DEBOUT ET UTOPIE CONCRÈTE DANS LA PENSÉE D'ERNST BLOCH[180]

Ernst Bloch était, incontestablement, un des « hérétiques les plus productifs » selon Oskar Negt, du marxisme du XXe siècle, dont le combat sur le front politique contre tous les courants du conservatisme, du nationalisme et du fascisme était en même temps un combat philosophique pour la réalisation de « l'utopie concrète », à savoir pour un néo-marxisme compris et redéfini comme « utopie concrète », et ce combat était bien entendu aussi et surtout un combat pour l'idée de l'émancipation de l'homme de la servitude et de l'aliénation, sous toutes ses formes, pour la justice sociale, pour un « communisme » humaniste et un socialisme de la « démocratie réelle ».[181] Mais en même temps c'était

[180] Conférence prononcée le 14 octobre 2013 à Sarrebruck, devant les membres et adhérents de la « Stiftung Demokratie » (Fondation Démocratie). (Pour la version française, le texte de cette conférence a été retravaillé, complété par beaucoup de rajouts et de notes, et entièrement remanié).

[181] Cf. Ernst Bloch, *Le Principe Espérance*, Gallimard, Paris, 1976, t. III, p. 560 : « La genèse réelle n'et pas au début, elle est à la fin, et elle ne commencera à commencer que lorsque la société et l'existence deviendront radicales, autrement dit se saisiront à la racine. Or, la racine de l'histoire, c'est l'homme qui travaille, qui crée, qui transforme et dépasse le Donné. Dès qu'il sera saisi et qu'il fondera ce qui est sien dans une démocratie réelle, sans désaisissement et sans aliénation, pourra naître dans le monde quelque chose qui nous apparaît à tous dans l'enfance et où personne encore n'a jamais été : le Foyer (Heimat). »

aussi un combat contre les tendances dangereuses d'une dogmatisation excessive du marxisme, contre une trop grande identification du socialisme avec l'État et sa bureaucratie (un souci qu'il partageait avec Jean Jaurès) contre toutes les formes de domination de l'homme avec l'homme, et toutes les conditions où, comme le soulignait déjà Marx, dans *l'Introduction à la critique de la philosophie de l'État hégélien* (1843), l'homme est un « être humilié, méprisé et exploité ». Comme l'a si justement souligné, entre autres, Oskar Negt, le 6 août 1977, dans son discours funéraire au cimetière central de Tübingen, « la station debout, ce signe le plus visible de la dignité humaine, est l'alpha et l'omega de la philosophie d'Ernst Bloch. Il est même la substance de sa philosophie absolument politique. » Autrement dit : « Non seulement la vérité, mais aussi l'espérance et l'utopie sont concrètes, pour Bloch, elles sont même le plus concret. (...) Le signal des trompettes dans le *Fidelio* de Beethoven n'est pas, pour lui, un symbole esthétique, mais plutôt l'expression de l'espérance d'un homme déterminé de sa libération de la prison, de la violence immédiate et de l'oppression. Et c'est en même temps aussi un impératif catégorique pour la seule attitude politique vraiment conforme à la dignité humaine, à savoir la volonté de renverser toutes les conditions où l'homme est un être opprimé, abandonné et méprisé. »[182]

Dans son œuvre majeure, *Le Principe Espérance*, Ernst Bloch a non seulement enchevêtré cette vision de la libération, de l'émancipation de l'homme avec le concept d'utopie concrète, mais aussi avec la théorie de la « conscience anticipante » et d'une praxis, médiatisée par la catégorie de « possibilité », dont l'objectif est la réalisation des « rêves diurnes » et des « anticipations utopiques » (dans la

---

[182] Oskar Negt, « Der produktivste Ketzer im Marxismus », in K. Bloch/A. Reif (édit.), *Denken heisst überschreiten. In memoriam Ernst Bloch (1885-1977)*, EVA, Francfort-Vienne, 1978, p. 282-283.

conscience) dans un monde « meilleur », sans domination répressive. Il a aussi – et cela est important pour nous – connecté cette vision avec la vision d'une possible « alliance de l'homme avec la nature », avec celle d'un dépassement nécessaire du point de vue de la destruction illimitée des forces et sources naturelles par l'homme, et celle de la « naturalisation de l'homme et de l'humanisation de la nature » (une formule qu'on trouve déjà chez Marx, dans *L'introduction à la critique de la philosophie du droit de Hegel*). L'optimisme militant qui porte et traverse cette pensée, cette œuvre, et qui est même devenu en un sens le « leitmotiv » de cette philosophie de la « station debout », contraste en effet beaucoup avec le pessimisme civilisationnel de *l'École de Francfort* (Adorno, Horkheimer, Marcuse) et avec le « marxisme mélancolique » d'un Walter Benjamin avec lequel il partage cependant l'enracinement dans un messianisme sécularisé et déthéocratisé.

« La culture mondiale », constate à ce propos Emmanuel Lévinas (nota bene : le seul philosophe français contemporain qui avait salué, en 1976, dans ses cours à la Sorbonne, la parution du *Principe Espérance*, en traduction française), « est pour Ernst Bloch la « matière de l'espérance », et il l'interprète apparemment avec un tel plaisir, comme s'il écrivait ainsi la partition pour un orchestre unissant tous les génies du globe ».[183] « L'idée du progrès », souligne Levinas, « existe chez Bloch sous la forme de l'idée d'un humanisme, d'un humanisme marxiste, qui s'auto-comprend et s'autodétermine en tant qu'« humanity in action» [*humanité en action*]. Cet humanisme représente le cheminement inévitable de l'humanisme vers son « foyer », où l'être coïncide avec un foyer humain. »[184]

---

183 Emmanuel Levinas, *Dieu, la mort et le temps,* Grasset, Paris, 1993, p. 108.
184 Ibid.

Voilà pour la signification générale de l'œuvre et de la pensée philosophique d'Ernst Bloch, dans l'histoire de la philosophie et de la philosophie sociale et politique du XXe siècle.

Permettez-moi d'aborder maintenant le vrai sujet de ma conférence, à savoir le livre *Droit naturel et dignité humaine.*

Lorsque Ernst Bloch arriva à Tübingen, au mois d'août 1961, comme réfugié de l'ex-RDA, où commença la toute dernière phase et étape de sa vie, il avait déjà 76 ans. Pour être employé à l'université de Tübingen, à un âge où tous les universitaires étaient déjà à la retraite, il fallait modifier la loi sur les universités du land de Bade-Württemberg, en y rajoutant une « lex Bloch » qui autorisa l'auteur du *Principe Espérance* à enseigner, avec un statut spécial, au département de philosophie de l'université de cette ville, pratiquement jusqu'à la fin de sa vie. (Ce statut « spécial » impliquait aussi qu'il n'avait pas le droit de faire passer des examens). Quand Bloch s'installa à Tübingen, en 1961, il ne vint pas les mains vides. Dans les années 1957 à 1961, à savoir depuis sa mise à la retraite anticipée, en juillet 1957, comme professeur ordinaire de philosophie, à l'université de Leipzig, jusqu'à son départ définitif de la RDA, en août 1961, il avait achevé, dans des conditions d'un isolement total, à Leipzig, et d'une surveillance policière permanente, le manuscrit d'un ouvrage qu'il avait déjà commencé vers la fin de son séjour en exil aux États-Unis (en 1948/49) et qui devait enfin paraître en automne 1961, aux éditions Suhrkamp, à Francfort. Son intitulé était : *Droit naturel et dignité humaine.* (Naturrecht und menschliche Würde). Lorsque Ernst Bloch annonça, publiquement, le lendemain de la construction du mur de Berlin, le 13 août 1961, sa décision de ne plus vouloir retourner en RDA, le manuscrit de ce livre était resté à Leipzig. Afin d'éviter qu'il tombe, avec un certain nombre d'autres manuscrits encore inédits, entre les mains de la « Stasi », les éditions Suhrkamp avaient organisé une action de « sauvetage » au cours de laquelle M. Dautsien, un éditeur de la ville de Hanau (près de Francfort) (un ami de M. Unseld, le « patriarche » des éditions Suhrkamp), devait s'accréditer auprès de la Foire du Livre à Leipzig, en septembre 1961, et profiter de ce séjour pour récupérer les manuscrits reposant dans une armoire dans l'appartement de Bloch situé à Leipzig, dans la Wildstrasse. À cette fin, on lui avait confié la clé de la maison et la clé de l'armoire. À quatre heures du matin, donc à un moment où la maison n'était plus strictement surveillée, M. Dautsien entra dans les appartements de Bloch, ouvrit l'armoire et chargea les manuscrits dans sa voiture. Les ayant bien dissimulés dans le coffre de sa voiture, il réussit à traverser les contrôles rigides à la frontière des deux Allemagne et à ramener les manuscrits d'abord à Francfort, puis à Tübingen, où ils furent remis à Ernst Bloch.

Avec ce livre, Bloch s'efforça de réconcilier non seulement le droit naturel classique, l'idée de « liberté » de la révolution bourgeoise et le concept de « dignité humaine » de la « Déclaration des droits de l'homme » de l'année 1789, avec la doctrine d'émancipation sociale de Karl Marx, mais d'esquisser en même temps une nouvelle théorie – critique – du droit, défiant le « positivisme du droit » prédominant. Tout cela s'inscrivait bien dans son intention d'opposer au « marxisme de la voie étroite » (Schmalspurmarxismus) qu'Ernst Bloch avait toujours combattu, aussi pendant les dernières années de son activité de professeur ordinaire de philosophie, à l'université de Leipzig, la vision d'un marxisme et d'un « socialisme à visage humain », à savoir une vision autre, dédogmatisée du matérialisme historique et dialectique, articulée sur la vision d'un socialisme humain, débureaucratisé, déstalinisé, qui ne devait naître qu'en 1968, avec le « printemps de Prague « (et qui n'a duré que six mois !). En même temps, Bloch esquisse dans ce livre – qui, malheureusement, n'a trouvé que très peu de lecteurs en France – une nouvelle doctrine du droit : une théorie critique d'un droit repensé, révisé – guidée par l'intention d'opposer à la doctrine prédominante du droit, celle du « positivisme du droit » de l'école de Kelsen, une nouvelle doctrine du droit fondée sur un droit naturel renové, révolutionnairement, dont les concepts majeurs seraient les concepts de « dignité humaine », de « liberté » et de « station debout » et qui devait substituer une juridiction fondée, essentiellement, comme cela est le cas, dans la pratique « ordinaire » des tribunaux, sur le respect d'articles, de normes et de clauses abstraites (dont la trangression est sanctionnée par des peines d'amendes ou de prison). C'est dans cette perspective qu'Ernst Bloch esquisse ici, en effet, une *nouvelle théorie critique du droit* qui est non seulement une critique en règle de la « justice de classes » de la bourgeoisie (et notamment de celle exercée, en Allemagne, sous la *République de Weimar,* où les tribunaux condamnaient sévèrement les auteurs d'actes de résistance de militants de gauche, tout en montrant la plus grande clémence à l'égard des auteurs de tels actes commis par des militants de la droite et de l'extrême-droite)[185], mais aussi une sorte de « cri de guerre contre toutes les formes d'oppression ». La perspective de Bloch est donc, très clairement, celle d'un concept de droit vu d'« en bas », opposé à celui, formaliste, de la justice de la classe dominante, fondé sur les aspects progressistes du droit naturel, qui sont ignorés par le droit

[185] Il y a ici un parallélisme frappant avec l'attitude de la justice française sous la IIIe République qui a, par exemple, acquitté et relaxé l'assassin de Jean Jaurès, M. Raoul Villain (un militant nationaliste, proche de l'Action Française), au cours d'un procès organisé en 1919 (cinq ans après le meurtre du grand dirigeant socialiste, le 31 juillet 1914), alors que l'assassin avait avoué son crime, en se vantant, pendant son procès, de son action « patriotique » ! Et la veuve de Jean Jaurès a été condamnée par ce même tribunal au paiement des frais de justice!

positiviste. C'est dans ce sens précis que son livre voulait être « une contribution historique, une contribution qui incite à se souvenir à ce qui est juste et pourtant encore ouvert : aux problèmes de l'homme qui marche la tête haute. C'est un traité de droit d'une espèce particulière, qui commence par la majorité de l'homme interrogée et revendiquée et qui ne finit pas avec le droit naturel classique. »[186]

Les leitmotiv de cette nouvelle doctrine philosophique du droit sont d'un côté la mise en évidence de la double fonction du droit naturel, dans l'histoire de la philosophie, c'est-à-dire, d'un côté, de sa fonction régressive, dans la philosophie du Moyen Âge, par exemple, avec le concept de « droit naturel relatif », chez Thomas d'Aquin, et, avec sa fonction relativement révolutionnaire, dans la philosophie des Lumières (notamment chez Rousseau et chez Emmanuel Kant), et de l'autre côté, du problème et de la tâche d'un « héritage socialiste de ces droits de l'homme, autrefois libéraux, mais pas seulement libéraux. »[187] Or, il s'agit ici, pour Bloch, non pas d'arracher au libéralisme d'un John Locke ou d'un Adam Smith, qui ne défendent qu'exclusivement la liberté de l'individu, du propriétaire, la propriété privée et un ordre libéral-bourgeois, le concept de « dignité humaine » ; au contraire, il s'efforce plutôt de mettre en évidence « la tâche d'un héritage socialiste à ces droits libéraux ; car, comme Marx, Bloch est convaincu qu'il ne peut y avoir une « instauration réelle des droits de l'homme sans la fin de l'exploitation » et qu'il « n'y aura pas de fin réelle de l'exploitation sans instauration des droits de l'homme »[188]. Bien sûr, cette remarque visait aussi le non-respect des droits de l'homme et du citoyen dans les pays du « socialisme réellement existant » (les pays de

[186] Ernst Bloch, *Droit naturel et dignité humaine*, trad. de l'allemand par Denis Authier et Jean Lacoste, Payot, Paris, 1976, p. 14.
[187] Op. cit., p. 12.
[188] Op. cit., p. 12.

l'Est), et notamment la situation déplorable des droits de l'homme et des « libertés » en ex-Union soviétique et ses pays-« satellites » qui, officiellement, étaient si fiers d'avoir aboli, conformément aux enseignements de Marx, « l'exploitation de l'homme par l'homme », mais qui en réalité ne respectaient pas du tout, dans la pratique bureaucratique et autoritaire de la dictature du parti unique, les droits de l'homme. C'est aussi la raison pour laquelle Ernst Bloch avait déjà beaucoup critiqué, pendant les années de son premier exil en Suisse et de son activité de journaliste politique au *Journal Libre »* (Freie Zeitung) (le journal de l'opposition (pacifiste) allemande « anti-Kaiser » de Berne), de 1917 à 1919, dans ses articles (dont certains furent publiés sous pseudonyme), Lénine et les bolcheviques, en affirmant qu'il ne pouvait y avoir de vrai « 1917 » sans un « 1789 ».[189] Ernst Bloch était en effet un des premiers intellectuels allemands à mettre en garde, avec ces articles, contre le grand danger que le fait de sauter au-dessus de la phase d'une révolution bourgeoise-démocratique et de passer directement, comme en Russie, du despotisme autocratique du régime des Tsars au « socialisme /communisme» de la « dictature du prolétariat », comportait le risque de l'instauration d'une nouvelle dictature qui, certes, s'efforcerait de se légitimer comme « dictature révolutionnaire de classe du prolétariat » (Cf. Lénine, Lukacs), mais qui en réalité devait dégénérer en une dictature bureaucratique des apparatchiks du Parti (unique). À ce propos, le jeune Bloch était vraiment un visionnaire, puisque l'évolution ultérieure de l'URSS, après la mort de Lénine (en 1924) a tout à fait confirmé ces craintes de Bloch (et de Rosa Luxemburg). La dissolution de la « Douma », décrétée par Lénine (appelé par Bloch, dans l'article cité, le « tsar rouge »), en mars 1918, ainsi que la liquidation (dissolu-

[189] Ernst Bloch, *Kampf, nicht Krieg. Politische Schriften 1917-1919,* éd. par Martin Korol, Suhrkamp, Francfort, 1985.

tion) progressive des conseils (« soviets ») précisément par ceux qui, en octobre-novembre 1917, avaient conquis le pouvoir, avec le slogan « Tous les pouvoirs aux soviets ! », confirmaient ces prévisions pessimistes d'Ernst Bloch. (Et la répression sanglante de l'insurrection des marins de Cronstadt, en mars 1921, occasionnant la liquidation physique de la composante libertaire des menchéviques et des « socialistes révolutionnaires », fut une confirmation supplémentaire de cette évolution néfaste.)

Le postulat de la « station » debout », complétant celui du respect des « droits de l'homme » et de la « dignité humaine », n'est cependant pas fondé et justifié, anthropologiquement, par Bloch. Pour l'anthropologie, la « station debout » est la principale caractéristique du passage des hominidés vers l'homo sapiens, c'est-à-dire vers l'homme capable, à la différence des animaux, de se produire lui-même des instruments, de travailler la terre, de construire des maisons, des temples et, ultérieurement, aussi des pyramides, en mettant « pierre sur pierre », mais qui, finalement sera aussi en mesure de se fabriquer des armes et des instruments de torture de toute sorte, afin de pouvoir mener des guerres où les hommes seront tués et massacrés. La « station debout » est exclusivement fondée, par Ernst Bloch, philosophiquement, comme étant dérivée du droit naturel qui a tout à fait, comme le souligne Bloch, son « histoire secrète » qui ne mériterait pas moins d'être examinée que l'histoire des utopies. Si ces dernières étaient, principalement, des projections abstraites de désirs de la construction d'un ordre social meilleur et plus juste, dans l'espace imaginaire des îles lointaines (comme, par exemple, l'*Utopia* de Thomas More (1516), le droit naturel (qui était a priori plutôt hostile aux utopies) visait, sous sa forme rationaliste, comme chez Hobbes et Grotius, au XVIe siècle, et sous sa forme « contractualiste », comme chez Rousseau, au XVIIIe siècle, clairement, la « dignité humaine ». C'est la raison pour laquelle – souligne Bloch, non sans une certaine ironie socratique qui est la sienne, « tous deux étaient des projets complémentaires, dans l'espace humain ». Ainsi, « il est grand temps de voir enfin fonctionnellement reliées et dépassées les différences entre les projets de bonheur, propres autrefois aux utopies sociales, et ceux de dignité, propres autrefois au droit naturel. Car une chose est sûre : il y a aussi peu de dignité humaine sans fin de la misère que de bonheur à la mesure de l'homme sans fin des sujétions anciennes et modernes »[190].

Rien n'illustre d'ailleurs mieux cette exposition et mise en exergue des éléments progressifs, déjà présents, en latence, dans le droit naturel, et potentiellement orientés vers la mise en cause de l'ordre féodal, que la citation suivante du livre *Droit Naturel et Dignité humaine* où la révolution de la liberté de la bourgeoisie (celle de 1789, abolissant la monarchie absolutiste) est certes saluée, mais aussi évaluée quant à ses limites :

« Se libérer de l'ordre féodal, cela ne signifiait pas une simple liberté de la terreur, ou comme le dit Hegel, une « furie du disparaître », comme celle qui emporta les têtes des représentants de la Bastille ; c'était, d'une manière tout aussi urgente, la liberté de passer au positivum d'un ordre nouveau, et tout d'abord bourgeois, de l'existence. Dans cet ordre, la volonté individuelle réduisit les contraintes qui s'opposaient à la liberté de choix ; elle conquit un cadre dans lequel la volonté de profit, mais aussi – dans la construction – l'autodétermination de l'homme majeur cherchaient à s'affirmer. C'est Rousseau justement qui formula ce dernier moment ou moment du citoyen dans le cri de liberté de la Révolution bourgeoise : « Que le citoyen ne soit pas limité dans sa liberté, sauf lorsque cela est néces-

---

[190] Op. cit., p. 14.

saire à l'égale liberté, l'inviolabilité, la dignité de la personne ».[191]

Le *Contrat Social* (1762) de Rousseau était bien devenu une espèce de « bible des jacobins », un « hymne à la liberté » qui entrait ainsi pour la première fois dans le droit naturel.[192] Car, étant beaucoup plus radical que Grotius, Rousseau avait exclu le contrat de domination du contrat social. Son leitmotiv était que « la dignité de la personne humaine est inviolable ! » D'où l'exigence de la suppression de toute forme d'oppression par le pouvoir féodal, despotique et absolutiste. Ce n'est rien d'autre que « le renouveau du droit naturel classique par Rousseau. » La caractéristique de ce renouveau, de ce complément important au droit naturel classique est qu'il n'existe plus, pour l'auteur du *Contrat Social*, de lien entre l'individu libre et la classe ou la caste dominante, c'est-à-dire les princes et l'aristocratie ; il ne demeure que le lien avec la « volonté générale », et cette « volonté générale » est identifiée avec la « souveraineté du peuple. »[193] Désormais, le pouvoir de décision doit se trouver donc entre les mains du peuple. Appliqué à notre époque, cela signifierait cependant, souligne Ernst Bloch, dans son commentaire, que le « Tiers état », à savoir la bourgeoisie, doit former le gouvernement comme organe exécutif de la volonté générale ; mais celle-ci doit provenir du seul souverain légitime : le peuple. Mais cette volonté générale n'est que la manifestation permanente du principe suprême du *droit naturel*, à savoir de la liberté individuelle, dans la communauté humaine. Le *Contrat social* est né exclusivement pour protéger cette liberté individuelle et naturelle, mais il peut être résilié, si jamais la protection de la liberté l'exige. Les droits de l'homme ont été spécialement

---

[191] Op. cit., p. 160.
[192] Op. cit., p. 69.
[193] Cf. Jean-Jacques Rousseau, *Contrat social ou Principes du Droit politique*, 1762, 1,6.

dérivés de cette liberté. Dans sa lecture marxiste de ce texte « classique » de Rousseau, Bloch renvoie aussi à une contradiction chez Rousseau qui consisterait dans le fait que pour Rousseau, « conformément au contenu de classe de la révolution bourgeoise », la propriété privée fait aussi partie des droits de l'homme, alors qu'il avait encore, dans son *Discours sur l'origine et le fondement des inégalités parmi les hommes* (1755) désigné la *propriété privée* comme vraie cause de tous les maux et injustices de la civilisation. (Mais ce discours a été écrit et publié sept ans avant *Le Contrat social* !). Il n'en reste pas moins que Rousseau, dans ses écrits ultérieurs, et notamment dans *L'Emile* (1762), continuera à défendre la *propriété privée* comme un des « droits élémentaires de l'homme », en dépit de l'exigence d'égalité de la théorie de la « volonté générale ». Cela fut repris par Robespierre, son disciple, tandis que Babeuf, Morelly et Mably, ces défenseurs radicaux de l'égalité, la combattaient, en exigeant, en anticipant sur Marx, également au nom du « droit naturel », l'abolition de la propriété privée.

Mais en dépit de cette critique marxiste de la question de la propriété, chez Rousseau, Bloch défend le point de vue que le marxisme devrait quand même reconnaître que sans ces théories progressistes de Rousseau, le problème de la liberté, de l'égalité et des droits de l'homme n'aurait jamais été posé, après lui, avec une telle radicalité. Car Rousseau avait définitivement abandonné la méthode de la dérivation à partir de principes abstraits, en la substituant par la « raison concrète ». Or, « la raison marxiste est hautement redevable au droit naturel rationaliste », à savoir à ce droit naturel rénové, reformulé par Rousseau, et fondé sur la raison, « non seulement de la théorie de la révolution, mais aussi celle de la « Déclaration des droits de l'homme », bien que ceux-ci, précisément, parce qu'on a compté parmi eux la propriété et limité l'égalité à l'égalité politique, n'aient été justement que déclarés. »[194]

Or, ils ont été aussi manifestés, concrètement, par exemple dans rues de Paris, en été 1789, ce qui a conduit à la prise de la Bastille : « Pour la première fois un peuple s'empara de ce qui a été pensé, entendit le réaliser. Le mot *homme* était le signe général qui, pour ainsi dire, rendait tous égaux. »[195] Or, cela avait été déjà préparé de longue main ; car l'affirmation que tous les hommes sont nés libres et égaux figure déjà dans le droit humain. Mais maintenant elle a été reformulée de manière révolutionnaire, sous la forme de la triade « *Liberté, égalité, fraternité* », précisément, en 1793, dans le « Club des Cordeliers » de Danton et de Desmoulins, qui était proche des Jacobins. Mais la première proclamation solennelle de la « Déclaration des droits de l'homme » avait déjà eu lieu le 26 août 1789, à l'Assemblée Nationale, un événement qui « est dû à l'influence extraordinairement grande de Rousseau ; car les trois exigences fondamentales de la « Déclaration des droits de l'homme » : *Liberté, Propriété, Résistance contre l'oppression,* correspondent exactement à la toute dernière réactualisation du droit naturel classique (faite par Rousseau).[196] Le paragraphe – cité par Bloch – dans lequel il est question de « l'autodétermination de l'homme » renvoie cependant plutôt à Emmanuel Kant, puisque, malgré la contestation du droit de résistance du peuple par le philosophe de Koenigsberg, « la doctrine kantienne du droit, tout à fait dans le sens de Rousseau, affirme que le peuple est le seul législateur et que le prince est un simple exécutant. » Kant montrerait donc un « fort élément d'enthousiasme » pour la Révolution française (excepté (…) l'exécution du roi – cri-

[194] Op. cit., p. 71.
[195] Ibid.
[196] Op. cit., p. 72.

men immortale, inexpiable) ».[197] Il ne relève donc pas du hasard que Bloch, dans son grand discours prononcé à l'Eglise Saint Paul, à Francfort, en 1967, à l'occasion du décernement du *Prix de la Paix des Libraires Allemands* à l'auteur du *Principe Espérance*, rendit hommage à Kant, en citant non seulement le paragraphe des « Conflits des Facultés » très favorable à la Révolution Française, mais en louant spécialement la « lucidité d'une pensée » des Lumières dirigée avant tout contre le pouvoir. »[198]

C'est le mépris cynique de la dignité humaine par les représentants du système féodal et tout pouvoir de domination tyrannique et dictatorial qui justifie la révolte. Et la révolte justifie aussi – et ici Bloch peut être mis sur le même rang que Kant et Rousseau – la révolution. Mais la révolte n'est pas, pour Ernst Bloch, comme par exemple pour Albert Camus[199], un acte exclusif de résistance de l'individu contre l'oppresseur, à savoir un acte de résistance et d'indignation morale contre les conditions d'oppression indignes (pour Camus, le « révolté » est a priori quelqu'un qui dit « non », mais qui dit aussi en même temps « oui » à un ordre social alternatif ; selon Sartre, c'est quelqu'un qui mène un combat pour la « liberté totale « !), mais l'insurrection légitime pour abolir les rapports maître-esclave, pour supprimer ce rapport humiliant pour l'esclave qui, selon la *Phénoménologie de l'Esprit* de Hegel, n'est pas sans rapport avec le désir de l'esclave de reconnaissance de son travail, qui ne peut pas être obtenu sans le dépassement révolutionnaire de son statut subalterne. En tant qu'*insurrection collective,* cette révolte – et à ce sujet le renvoi de Bloch à l'action de

---

[197] Op. cit., p. 75.

[198] Ernst Bloch, *Widerstand und Friede. Aufsätze zur Politik*, Suhrkamp, Francfort, 1968, p. 105.

[199] Cf. Albert Camus, *L'homme révolté*, Gallimard, Paris, 1951 ; Cf. Arno Münster, *Albert Camus, La révolte contre la révolution ?*, L'Harmattan, Paris, 2014.

Thomas Müntzer, le « théologien de la Révolution », pendant la Guerre des paysans, en Allemagne, au XVIe siècle, ainsi que celui à l'insurrection de « Spartacus », à Rome, est important ! – cette révolte devait, nécessairement, contrairement à ce que pense Albert Camus, déboucher sur une révolution (que Bloch, comme Marx, ne peuvent imaginer autrement que dans le contexte de la lutte des classes).

Mais la révolution de la liberté de la bourgeoisie n'est qu'une étape, bien qu'une étape décisive, dans le processus d'émancipation de l'humanité et de la société, dans la mesure où seulement un seul des trois mots d'ordre clef qui ont guidé cette révolution, lors de la prise de la Bastille (« liberté, égalité, fraternité ») n'a été réalisé qu'après le renversement de l'ordre féodal, par la bourgeoisie, constituée désormais comme la classe dominante : la *liberté.* La liberté, oui ; l'égalité, aussi, mais seulement sur le plan politique et formel ; quant à la *fraternité*, elle n'a, évidemment, pas sa place dans une société d'individus égoïstes et de propriétaires privés. La prise de la Bastille, le 14 juillet 1789, par le peuple de Paris, c'est la ferme conviction d'Ernst Bloch, a cependant quand même, malgré ce déficit, donné une impulsion importante et même décisive à l'histoire de l'émancipation de l'humanité. Et cela aurait déterminé, comme Bloch le souligne, dans son livre *Droit naturel et dignité humaine*, qu'au XIXe siècle « l'idéal de la liberté d'action, non seulement l'idéal de l'autodétermination, mais aussi celui de la détermination de l'histoire était présent chez le prolétariat. »[200] Et cela s'accompagna d'un élargissement du concept bourgeois de liberté et de sa critique marxiste. Ici, la thèse centrale de Bloch est, entre autres, que ce concept bourgeois de liberté, en connexion étroite avec l'idée de citoyen, soit de toute façon la condition préalable pour l'identification – faite pour la première fois par

---

[200] Op. cit., p. 179.

Gracchus Babeuf, Buonarotti et Auguste Blanqui – de l'idéal bourgeois de liberté avec l'idéal d'égalité du socialisme. Mais le socialisme « peut relever de ses propres mains le drapeau solide des vieux droits fondamentaux que les autres ont laissé tomber ; avec l'illusion percée à jour, l'idéologie de classe corrigée, le sérieux accompli de la chose » ; car « il ne s'agit pas de tirer un grand trait entre le passé et le futur, mais d'appliquer les idées du passé »[201], comme Marx le souligne aussi, dans une lettre à Ruge de l'année 1843. Certes, la réserve exprimée par Marx, que les droits de l'homme ont a priori un caractère de classe bourgeois et que la défense de la propriété privée avait beaucoup contribué à la genèse de la théorie des droits de l'homme, était tout à fait justifiée. Cependant une interprétation trop dogmatique de cette théorie pourrait bien être nuisible pour le marxisme. C'est la raison pour laquelle Bloch nous met en garde contre des conclusions trop hâtives, en nous rappelant explicitement que la liberté est si peu critiquée chez Marx, qu'elle est bien au contraire « le droit de l'homme qui par son éclat et son humanité, lui permet de critiquer la propriété privée. D'où justement les corollaires marxiens : ce n'est pas la propriété qui doit devenir libre, mais les hommes qui doivent être libérés de la propriété ; non pas liberté du profit, mais libération des hommes de l'égoïsme du profit ; non pas émancipation qui libère l'individu égoïste de la seule société féodale, mais émancipation qui libère tous les hommes de toute société de classes. »[202]

Dans l'important chapitre 21 de *Droit Naturel et dignité humaine*, Bloch souligne que seule dans une société non antagoniste, le dualisme entre le droit subjectif et objectif, entre la « facultas agendi » et la « norma agendi », peut être dépassé : « Le droit objectif public est donc l'ensemble des

---

[201] Op. cit., p. 192.
[202] Op. cit., p. 182.

propositions juridiques de *l'ordre juridique*, réalisé et différencié par le législateur. »[203] Et « c'est, à plus forte raison l'État, en tant que gardien de l'ordre juridique, qui donne ses normes à tous les contenus possibles de cette liberté. »[204]

En tant que « monstre le plus froid de tous les monstres » (Nietzsche), l'État en tant que gardien de l'ordre juridique, détient bien le monopole de la violence, pose le commandement juridique et lui donne du poids »[205], par exemple, dans l'exécution forcée d'une dette, en cas d'expulsion des locataires par le propriétaire ou dans le cas de l'exécution pénale. Tandis que « le droit subjectif présuppose des sujets juridiques et le met en état de se défendre, le droit objectif transforme ces mêmes sujets en objets de la législation. »[206] Ici, la contrainte se déguise tout simplement en pouvoir juridique. Ce dualisme ne peut disparaître que dans une société non antagoniste qui n'aurait plus besoin ni « des puissances et tout aussi peu des domaines réservés de l'individu, ni de ces domaines nécessaires contre l'Etat, surtout quand il est policier. »[207] Par conséquent,« dans une société sans classes et sans marché, ce n'est pas le possesseur des marchandises, mais le producteur de biens qui est sujet juridique (personne juridique) et son droit est de n'être même pas contraint de produire des biens. »[208] Le droit subjectif ultime serait donc celui de pouvoir produire selon ses capacités, consommer selon ses besoins ; ce pouvoir est garanti par la norme ultime du droit objectif : la *solidarité.*

---

[203] Op. cit., p. 215.
[204] Ibid.
[205] Ibid.
[206] Op. cit., p. 216.
[207] Op. cit. p. 226.
[208] Op. cit., p. 226.

À ce propos, Bloch évoque deux exemples historiques : (1) la *Commune de Paris* (1871) qui aurait repris, à un tout autre niveau, « des traditions qui proviennent du droit naturel classique et qui tendent à une limitation humaniste de l'État »[209], et (2) l'Union soviétique, où « le juridique en général n'avait pas bonne presse » et où « son élimination la plus rapide possible semblait déjà commencée. »[210] En bref, et c'était cela l'erreur grave, commise par les bolcheviques, toutes les normes juridiques étaient considérées comme un héritage bourgeois. Cependant, estime Bloch, « le programme de Lénine prolongeait la vie du droit et de l'État, comme vestiges certes, jusque dans la première période du communisme, jusqu'à une phase où le marché est remplacé par une cohérence organisée », et il cite à ce sujet la phrase de *L'État et la révolution* où Lénine affirme que « non seulement le droit bourgeois subsiste un certain temps sous le communisme, mais même l'État bourgeois – sans bourgeoisie. »[211] Mais Bloch se réfère en même temps aussi à Evgenij Pachukanis, l'auteur du livre *La Théorie générale du droit et le marxisme*, une des victimes des purges staliniennes, qui avait souligné pour sa part qu'« il n'y a pas de droit prolétarien, il n'y aura pas de droit socialiste, de la même façon que « le dépérissement des catégories de valeur, de capital, de profit, etc., dans la période de transition ; le plein socialisme ne signifie pas l'apparition de nouvelles catégories, prolétariennes, de la valeur, du capital, de la rente, etc. »[212] Il n'y aura donc pas de « droit prolétarien », au sens propre du mot, parce que le droit nouveau ne peut naître que dans le processus de la disparition de l'ancienne et de la construction d'une société nouvelle. Autrement dit, « dans les faits, au contraire, il est constant que

---

[209] Op. cit., p. 226.
[210] Op. cit., p. 226.
[211] Op. cit., p. 227.
[212] Pachukanis, *La Théorie générale du droit et le marxisme,* p. 50.

la norme juridique socialiste se présente comme la solidarité codifiée pro rata en vue de la construction d'un ordre économique et politique où, comme le disait Lénine, n'importe quelle cuisinière est capable de gérer l'État et où celui-ci n'a plus besoin de codification. »[213] Et si Bloch insiste à ce propos aussi sur la nécessité du « dépérissement de l'État », en précisant qu'il ne s'agissait pas, à vrai dire, « d'éliminer d'abord l'État, selon la recette anarchiste, mais de le conquérir, pour le rendre, par son propre intermédiaire, toujours plus superflu, dans une économie socialiste dirigée »[214], c'est parce qu'il avait bien pris conscience, entre temps, du fait que, contrairement aux prévisions de Marx et d'Engels, qui voulaient limiter la période de « dictature du prolétariat » à une période assez brève, l'*Union soviétique* (et, après 1945, ses pays « satellites » de l'Europe de l'Est, y compris l'ex-RDA) avaient dégénéré, sous Staline, en des dictatures étatiques des apparatchiks, en enterrant définitivement, par la pratique d'un pouvoir centralisé autoritaire et celle d'une police politique omniprésente (Stasi) la théorie du « dépérissement de l'État ». Partout, dans les pays se réclamant du « socialisme réel », il y avait, tout simplement, « trop d'Etat » !

Ainsi, les pratiques des autorités judiciaires de l'ex-RDA ne ressemblaient que trop à celles de l'Union soviétique, sous Staline ou sous Bréjniev : limitation (extrême) des droits de la défense, organisation de procès politiques à huis clos, non-respect des droits civiques fondamentaux (pourtant garantis pas la Constitution de la RDA, de l'année 1949) et condamnation des dissidents à des peines de prison ferme, allant dans certains cas jusqu'à douze ou vingt ans de réclusion criminelle, selon des lois spéciales décrétées par le gouvernement, à savoir la « direction du parti et de

---

[213] Bloch, Op. cit., p. 231.
[214] Op. cit., p. 230.

l'État » de la RDA (DDR). C'était bien la pratique courante d'un État « socialiste » se réclamant, officiellement, de l'antifascisme, des travailleurs et des paysans. C'est dans le cadre de ce système juridique d'un État « socialiste » autoritaire (« totalitaire » même, au sens de la définition donnée par Hannah Arendt, dans son livre *Les Origines du Totalitarisme* (1951)), que le sociologue Wolfgang Harich, professeur à l'université Humboldt de Berlin-Est, avait été condamné, en 1956, à douze ans de prison, pour le « délit » de « conspiration « titoiste » contre la direction du parti et de l'État de la RDA (en réalité pour son opposition au régime autoritaire – prosoviétique – de Walter Ulbricht (le secrétaire général du parti SED) et pour son option en faveur d'une voie (allemande) *autre* au socialisme, inspirée des idées de Rosa Luxemburg. Dans ce même contexte, Rudolf Bahro fut condamné, pour sa part, en 1978, à huit ans de prison, officiellement, pour le motif d'« espionnage pour l'Occident » et « trahison de secrets » : en réalité, pour avoir exprimé, dans son livre *L'Alternative*, dont des extraits avaient été publiés dans le magazine ouest-allemand « Der Spiegel », au mois d'août 1977, de sévères critiques contre les dirigeants de la RDA qui étaient aussi accusés d'avoir complètement négligé et ignoré les questions écologiques. (Il fut libéré par anticipation, en 1980, suite à une grande campagne internationale de solidarité.) Ernst Bloch était d'ailleurs lui aussi sur la liste de ceux contre lesquels un procès politique était en 1957 en voie de préparation, sur recommandation explicite de la « Stasi » (la police politique de l'Allemagne de l'Est). Comme l'atteste le dossier « Wild » (« Wild » était le nom de code de la police politique est-allemande pour Ernst Bloch, dont le domicile se trouvait dans la rue « Wildstrasse », à Leipzig) conservé dans les archives de l'immeuble central de la « Stasi », à Berlin-Est, dans la Normannenstrasse, le procureur de la République de la RDA avait déjà réuni et compilé, depuis décembre 1956, sur l'ordre explicite de Walter Ulbricht, qui concentrait entre ses mains tous les pouvoirs, un important dossier d'accusation contre Ernst Bloch. Le procès aurait dû avoir lieu au printemps 1957 ; mais – paradoxalement – il n'eut pas lieu, parce que, comme nous le savons maintenant, Bloch fut sauvé in extremis par la division du Comité Central du SED à son sujet et un manque d'unanimité. Ainsi, Kurt Hager, un des membres les plus éminents du Comité Central (qui avait aussi beaucoup d'influence sur Walter Ulbricht, le président du Conseil d'État de la RDA) était apparemment opposé à la tenue de ce procès, pensant qu'une arrestation et condamnation d'Ernst Bloch à une peine de prison seraient très nuisible au « prestige » et à « l'image de la RDA », dans le monde, et c'était apparemment ce type d'argument qui l'avait emporté, au mois de mars 1957, sur ceux qui exigeaient l'arrestation et la condamnation d'Ernst Bloch. Le régime de la RDA se contenta donc d'une interdiction notifiée à Bloch de faire cours, à l'université de Leipzig, au semestre d'été de l'année 1957, suivie d'une mesure administrative de mise à la retraite anticipée, entrant en vigueur à partir du 1er août 1957. Par ces mesures, Bloch fut complètement contraint au silence, surveillé en permanence par la Stasi et empêché de se montrer désormais en public. Il lui fut même interdit de fréquenter l'immeuble de l'université, la bibliothèque universitaire et la maison de la radio. Il ne lui demeurait désormais qu'un seul privilège, jusqu'à son départ – définitif – de la RDA, au mois d'août 1961 : son passeport de citoyen de la RDA qui lui permettait de voyager aussi dans les pays occidentaux, en tant que « membre de l'Académie des Sciences ». Ainsi, Bloch passa encore quatre ans de solitude et d'isolation presque totale à Leipzig, où il a en effet achevé la rédaction du livre *Droit naturel et dignité humaine* qui fut finalement publié, en automne 1961, à l'Ouest, par les éditions Suhrkamp de Francfort. La publication du livre coïncida avec les débuts de son activité nouvelle en tant que professeur de philosophie invité, à l'université de Tübingen, le 1er novembre 1957.

Ce qui frappe cependant, c'est que les réflexions consacrées par Ernst Bloch, dans *Droit naturel et dignité humaine,* au problème des nouvelles normes juridiques (socialistes) et au problème du « dépérissement de l'État », même si elles sont, incontestablement, tendanciellement, critiques à l'égard d'un socialisme autoritaire, ne comportent aucune critique directe des dérives autoritaires et de la terreur juridico-étatique instaurée par Staline, en Union Soviétique, par exemple, lors des « Procès de Moscou » (en 1937), et dans les pays de l'Est de la sphère d'influence soviétique (Tchécoslovaquie, Hongrie, Pologne, Bulgarie, RDA…) où, depuis 1946-48, des dissidents, contraints (par la torture) à s'accuser publiquement des pires « crimes contre l'État socialiste », ont été condamnés à mort et exécutés par une justice politique de stalinienne mémoire qui n'était que le bras prolongé du pouvoir exécutif, c'est-à-dire des gouvernements communistes totalement alignés sur Moscou et soumis à ses ordres. Le procès contre Rajk en Hongrie et celui contre Slansky, à Prague, en 1948, où l'ancien secrétaire général du parti (d'origine juive) fut accusé de « complot » et de « trahison » et d'« espionnage en faveur des puissances occidentales », condamné à mort et exécuté, ainsi que les condamnations à de lourdes peines de prison, prononcées contre le professeur Wolfgang Harich, à Berlin-Est, en 1957, et contre le marxiste « écologiste » Rudolf Bahro, en RDA, en 1977, firent découvrir à une opinion politique mondiale consternée les horreurs des véritables « simulacres de justice » qui étaient organisés à Prague, à Varsovie, à Budapest et à Berlin-Est, dans le cadre de purges politiques dont l'objectif était d'écarter et d'« éradiquer » brutalement toute opposition démocratique aux régimes « socialistes » autoritaires (de terreur policière) installés par l'Union Soviétique, sous Staline, entre 1945 et 1948, dans les pays de l'Est. Il est pourtant impensable qu'Ernst Bloch et son épouse Karola, qui avait été exclue du parti communiste est-allemand, en 1957, seulement parce qu'elle était l'épouse du philosophe Ernst Bloch, ait ignoré ces faits. Mais si l'on ne trouve en effet aucune allusion à cela, dans le livre d'Ernst Bloch, c'est parce que Bloch avait, très probablement, du moins lorsqu'il commença à écrire ce livre, encore l'espoir de pouvoir le publier, éventuellement, encore en RDA. Il s'est, en conséquence, c'est l'hypothèse la plus valable, volontairement autocensuré sur cette page tragique et scandaleuse, écrite par le stalinisme, en Union soviétique et dans les pays de l'Est, lors de ces procès et de ces « farces de justice », évidemment par crainte de fournir des prétextes inutiles aux censeurs du parti qui avaient déjà retardé outre mesure la parution du premier et du troisième tome du *Principe Espérance*, en RDA. C'est pourtant une « lacune » regrettable dans son livre consacré au droit naturel qui comporte en revanche une critique très lucide du « décisionisme » de Carl Schmitt, représentant de « l'anti-droit naturel fasciste », et porte-parole n° 1 de la philosophie politique du « Troisième Reich », à savoir de la dictature fasciste où « l'état d'exception devient l'habitude », où « le masque de l'État de droit est levé » et où « l'exacerbation de la lutte de classes conduisit la bourgeoisie à détruire les concepts juridiques, restes de la longue période libérale de libre concurrence. »[215]

En même temps, Bloch, en tenant fidèlement la ligne d'une critique marxiste de la superstructure de l'État bourgeois et de son appareil judiciaire, maintient tout au long de son livre la position d'une critique désillusionnée de la justice de classes et de ses injustices, en gardant sans nul doute

[215] Op. cit., p. 184.

le mauvais souvenir de la pratique partiale des tribunaux, pendant la République de Weimar, en Allemagne, celle d'une justice « d'en haut » privilégiant les riches et méprisant les faibles, et de la justice de terreur exercée par les nazis à l'égard des opposants antifascistes à Hitler et des juifs.(Cf. la condamnation à mort et l'exécution par la hache, en 1943, par une Cour pénale spéciale (« Volksgerichtshof ») de Sophie et Hans Scholl, à Munich, pour le « crime » d'avoir distribué des tracts antinazis à l'université de Munich.)

« L'individu plus faible », affirme-t-il, à ce propos, dans le 20e chapitre de *Droit naturel de dignité humaine »,* « s'il cherche à affirmer son droit, n'a aucune chance de gagner contre la partie riche ; elle s'achète le meilleur avocat. L'argent affine les sens, l'argent donne la finesse, et le droit est pleinement finesse. (…) C'est au pauvre que sont destinés les huissiers, les prisons ; le monsieur bien échappe la plupart du temps à une situation juridique désagréable. On pend les petits voleurs, on laisse courir les grands : c'est sur ce « lieu commun » que, depuis toujours, s'élèvent tous les palais de justice »[216]. Par conséquent, « la méfiance du peuple envers les tribunaux est donc aussi vieille que les tribunaux eux-mêmes ». Et c'est, en effet, la raison pour laquelle « le pauvre a peu à espérer et beaucoup à craindre du juge, du juge qui garde le coffre-fort. Plus le coffre fort est menacé et plus on plie le droit dans la direction voulue »[217]. Très longue est en effet la liste des « erreurs de justice » et de jugements aberrants sinon scandaleux (souvent à motivation politique) qui ont discrédité l'image de cette justice bourgeoise : par exemple, pour ne citer que quelques cas « typiques » du XXe siècle : l'impunité prononcée à l'égard des assassins de Rosa Luxemburg, de Karl

---

[216] Op. cit., p. 185.
[217] Ibid.

Liebknecht, en Allemagne, et de Jean Jaurès, en France (où l'assassin Raoul Villain, un proche de l'*Action Française*, a été acquitté, à son procès, en 1919, et où la veuve de Jean Jaurès a été condamnée par le même tribunal au paiement des frais de justice !) Est assez longue aussi la liste des condamnés à mort (exécutés par la guillotine), innocentés a posteriori, car condamnés sur la base de faux témoignages ou, tout simplement, d'enquêtes judiciaires mal menées. À cause de cela, il est en effet difficile de croire, comme il est pourtant de règle, dans un « État de droit », dans « le bon sens de la justice de son pays », même si cette justice, avec tous ses défauts, est, incontestablement, encore et toujours préférable à celle – complètement arbitraire – d'un régime monarchique « absolutiste » ou d'une dictature et d'une tyrannie (fasciste ou stalinienne) foulant systématiquement sous les pieds les droits de l'homme et pratiquant la torture (ce qui était le cas, par exemple, de la tyrannie stalinienne, en ex-URSS, à partir de 1936, et de l'Allemagne fasciste d'Hitler).

Cependant, et cela n'est nullement un argument contre l'analyse marxiste, matérialiste de ce système de la « justice » bourgeoise, opérant, certes, toujours dans le cadre juridique d'un « État de droit », mais n'étant pour autant pas pu s'immuniser contre la tendance de commettre, précisément dans le cadre du « positivisme du droit », de graves injustices, notamment contre les faibles, les exploités et les humiliés :

« Au berceau du marxisme il n'y a donc pas seulement la partialité économique pour les *exploités* et les *opprimés*, mais aussi la partialité, dans l'esprit du droit naturel, pour les humiliés et les offensés – partialité qui s'y connaît en fait de luttes pour la dignité humaine, cet héritage constitutif du droit naturel classique, et qui empêche toute autorité, dans la mesure où une autorité est encore nécessaire, de se dresser sur ses ergots, héréditaires ou récents ».[218]

Mais si le socialisme peut en effet, « relever de ses propres mains le drapeau solide des vieux droits fondamentaux », il le peut seulement, en ce qui concerne la justice et les normes d'un droit autre, alternatif à celui appliqué mécaniquement par une « justice de classes », si la justice bourgeoise, cette justice d'« en haut », représentée en général par les défenseurs d'un ordre social injuste, fondé sur la propriété privée, l'individu, l'égoïsme et le profit, était substituée par une justice « d'en bas », à savoir une justice du « peuple » qui – dirions-nous – ne devrait pas forcément être identique à celle représentée et exercée, assez abusivement, par les apparatchiks d'un parti unique d'un État socialiste devenu totalitaire.

En annexe à cette brillante et savante étude consacrée au droit naturel, à l'héritage socialiste au droit naturel classique et à la justice, Bloch publie, dans ce même livre, son essai – déjà écrit en 1953, à Leipzig – sur Christian Thomasius, « un savant allemand sans misère », originaire de la ville de Halle (capitale régionale de la province de Saxe-Anhalt), un essai qui est spécialement intéressant à lire, sous l'angle du rapport de la « dignité humaine », au « droit naturel » et à la « station debout », dans la pensée d'Ernst Bloch. Cet essai est consacré à un savant, un juriste, un philanthrope et philosophe allemand « oublié », dans l'histoire ordinaire de la philosophie moderne, à savoir à un philosophe du 17e siècle qui avait d'ailleurs l'habitude (ce qui était déjà assez « révolutionnaire », pour son époque) de prononcer ses cours magistraux, à l'université de Halle, non pas en latin (comme c'était la règle) mais en allemand ! À cause de la rupture de ce savant avec la tradition et à cause de son courage de nager, en tant que philosophe et spécia-

---

[218] Op. cit., p. 191.

liste du droit, contre le courant, Thomasius était pour Ernst Bloch pour ainsi dire l'incarnation typique de la « station debout » (aufrechter Gang) ; car Christian Thomasius avait bien aussi le courage d'enseigner, à l'université de Halle, une éthique humaniste et une « morale du bonheur » et de protester aussi, certes en des termes encore relativement modérés, contre les procès des « sorcières », contre l'inquisition et les tortures horribles qui étaient monnaie courante dans la pratique de la justice du 16e/17e siècle. Ainsi, Bloch rend donc ici hommage à un penseur qui « a apporté un ton tout à fait nouveau au droit naturel, d'autant plus qu'il reliait, via le droit naturel, le « bonheur humain » avec la dignité humaine. » C'est la raison pour laquelle aux yeux d'Ernst Bloch Thomasius est un philosophe qui mériterait tout à fait d'être considéré comme un précurseur, à l'époque des pré-Lumières, de « l'idée du droit de tous au bonheur » et comme un précurseur du matérialisme philosophique :

« Thomasius lui-même, en tout cas, en posant un simple signe d'égalité entre la dignité et le bonheur, a exprimé une réalité matérialiste par excellence. Le bonheur entravé ne constitue certes pas un « principe » permettant de « déduire » l'origine du droit et de l'État, mais le « principe » social : suppression des entraves au bonheur, contient un critère excellent pour juger le droit présent, la morale présente. Ainsi l'institution du droit au bonheur comme droit fondamental s'accordait avec le vieil échafaudage de l'injustice : un tel droit naturel n'était évidemment pas encore Samson renversant les colonnes, mais il se dressait comme fierté contre une autorité qui fait souffrir et qui par là dégrade, comme haine contre sa barbarie, comme amour en acte pour ses victimes.»[219]

[219] Op. cit., p. 302.

Ainsi Christian Thomasius occupe bien, dans la pensée blochienne, le rang d'un penseur allemand éclairé du 17e siècle, étant très en avance pour son époque, anticipant, en faisant preuve d'un courage extraordinaire, sur la doctrine de la liberté individuelle et des droits de l'homme des Lumières qui, par son renversement radical du droit naturel du Moyen Âge (avec toutes ses dérives barbares, dans la pratique judiciaire, du 13e au 17e siècle) avait forgé le premier, en tant que professeur de droit à l'université de Halle, des armes théoriques contre le système féodal de l'oppression et du mépris de la dignité humaine et qui, bien qu'il ne fût qu'un « prédicateur solitaire dans le désert », est entré dans l'histoire de la philosophie moderne comme un des grands « pionniers » de l'Aufklärung (des Lumières).

Dans ses conférences et interviews des années 1960 et 70, Ernst Bloch a toujours souligné les liens étroits unissant le *droit naturel* avec la *station debout* (aufrechter Gang). Ainsi affirmait-il à ce sujet, dans une interview donnée à un journal autrichien (de Klagenfurt), publié le 5 septembre 1968 :

« Les programmes du droit naturel qui ne sont pas des rêves, mais qui se comprennent comme une science, proche des mathématiques, visent l'instauration de la dignité humaine, de la station debout, de l'orthopédie, de l'orthopédie morale, en bref, l'instauration de la résistance contre la dépendance, la soumission, etc. Formulés dans les termes de la bible, cela veut dire : les utopies sociales traitent du problème du sauvetage des hommes souffrants et écrasés par le fardeau, donc, des hommes économiquement dépendants et opprimés. Les programmes du *droit naturel*, en revanche, s'occupent de la suppression des conditions générant des humiliés et des offensés. Ce sont donc deux choses tout à fait distinctes, mais qui sont quand même unies dans l'émancipation. Et un des éléments dont le marxisme n'a pas assez tenu compte, c'est en effet l'élément du « droit naturel », c'est-à-dire une susceptibilité aussi grande à l'égard de l'humiliation et de l'offense qu'à l'égard de la souffrance et du fardeau, comme à l'égard de la dépendance économique opprimante. Les utopies sociales et les programmes du droit naturel se distinguent, certes ; ils peuvent marcher séparément, mais ils doivent combattre ensemble. »[220]

Tandis qu'Emmanuel Kant compare, dans son *Anthropologie du point de vue pragmatique*, l'homme des temps modernes à un « bois courbé » qui ne peut que se redresser, difficilement, pour s'émanciper d'une minorité pour laquelle il porte lui-même une certaine responsabilité (ce qui n'est possible qu'avec l'aide de la lumière de « l'Aufklärung »), Ernst Bloch souligne que le « droit de la station debout » était déjà présent dans toutes les rebellions de l'histoire, au sens précis de « l'insurrection », du « soulèvement », ce qui signifie qu'« on se met, à partir d'une position horizontale, opprimée ou à genoux dans une position verticale (debout). » Là-dedans, il y a eo ipso quelque chose relevant du droit naturel. »[221] Il souligne, en outre, que, pour ne citer qu'un exemple, que la *Révolution Française* n'avait pas été « activée » (mise en œuvre) par les utopies sociales mais plutôt par les idées se réclamant du *droit naturel*, et que le droit naturel joue aussi un grand rôle dans le drame classique, par exemple chez certaines figures des drames de Schiller, comme par exemple Karl Moor, dans *Les Brigands* (Die Räuber), dans le *Guillaume Tell* ou dans le *Goetz von Berlichingen* de Goethe. C'est comme si « le droit naturel était proclamé du haut de la scène, par les figures (protagonistes) du drame classique. Dans la réalité, c'est pourtant plus rare : Mais l'affirmation la plus forte [du

---

[220] Ernst Bloch, « Um das Recht des aufrechten Ganges. » (Entretien avec la « Kleine Zeitung »(septembre 1968),in : Traub/Wieser (édit.), *Gespräche mit Ernst Bloch,* Francfort, 1975, p. 123.
[221] Op. cit., p. 124.

droit naturel] était celle de la Révolution Anglaise, Française et Américaine. »[222]

Bloch justifie d'ailleurs sa thèse de la nécessité de la participation des intellectuels aux mouvements de libération et d'émancipation contemporains (et il renvoie à ce propos au « Printemps de Prague » et au « Mai 1968 » français, à l'engagement d'un Vaclav Havel et à celui d'un Jean-Paul Sartre) avec l'argument que « depuis longtemps la tête est de nouveau du côté de la recherche révoltée du Bien et non pas du côté du pouvoir dominant. Les intellectuels ne sont plus pour la plupart d'entre eux des opportunistes – et cela signifie quand même quelque chose. » [223]

Dans cette perspective, Christian Thomasius est, aux yeux d'Ernst Bloch, par anticipation, l'incarnation de l'intellectuel courageux, engagé, celui de *l'Aufklärung,* mais étant déjà, tendanciellement, engagé sur une voie menant à la *conséquence socialiste* des droits de l'homme. Et il cite, comme preuve, ce paragraphe de la sixième partie de sa *Doctrine des moeurs* (De l'art d'aimer raisonnablement et vertueusement/ ou introduction à la doctrine des mœurs »), où l'on peut lire :

« Il s'ensuit la communauté indissoluble de tous les biens, ainsi que de toute conduite raisonnable, en tant que témoignage complet de la perfection atteinte désormais par l'amour raisonnable [...] En conséquence toute propriété doit disparaître et tout doit être commun, parce que toute propriété est née du manque d'amour et de la désunion. Nous avons déjà longuement exposé, par ailleurs, qu'au début du monde il y avait une communauté des biens [...], qu'au début du christianisme, lorsque l'amour chrétien conservait encore sa faveur, tous les biens étaient également communs parmi les premiers chrétiens. [...] Plût à Dieu

[222] Op. cit., p. 124.
[223] Op. cit., p. 125.

qu'il n'y eût ni pauvres ni riches. »[224] La première référence de Thomasius relativement à cette société du règne de la propriété commune, n'est pourtant pas Thomas Müntzer qui, avec son mot d'ordre « Omnia sint comunia », avait instigué, au 16e siècle, en Thuringe, les paysans allemands à la révolte, à l'insurrection contre les seigneurs, mais *L'Histoire des Sévérambes* (1672) de Vayrasse, une des utopies sociales du 17e siècle français. Mais ce qui compte avant tout, pour Thomasius, c'est la revendication du droit fondamental au bonheur, au bonheur de tous qui est, précisément, défendu par les utopies sociales : « Le droit fondamental inné reste pour Thomasius le droit au bonheur ; une véritable communauté devait justement apporter le bonheur entier, sans entrave, et le moyen fondamental en était l'abolition de la propriété. Mais par là même les images de bonheur retrouvent celles de virilité, sans que l'un se substitue à l'autre. Voilà donc pour l'humanité de Thomasius ; elle peut se laisser voir, même dans son éclectisme crûment lucide, et totalement dans son droit fondamental vécu. Dans *l'Aufklärung* allemande, la carrière du bonheur fut empruntée par Thomasius ; elle s'alliait également, comme cet exemple l'a montré, avec la mâle fierté et la valeur humaine. »[225]

---

[224] Op. cit., p. 313.
[225] Op. cit.,p. 314.

V - LE PRÉ-APPARAÎTRE UTOPIQUE DANS LA PHILOSOPHIE BLOCHIENNE DE LA MUSIQUE

Le nom d'Ernst Bloch est inscrit en grand dans l'histoire de la philosophie allemande contemporaine comme penseur d'une philosophie de l'utopie concrète et de l'espérance messianique qui, avec sa grande trilogie Le *Principe Espérance*, a non seulement réussi à réhabiliter et à « récupérer » les utopies pour le néo-marxisme du XXe siècle, mais a aussi défié les ontologies modernes – et notamment celle – phénoménologique – de Heidegger – par l'esquisse d'une « ontologie du non-encore-être » fondée, simultanément, sur une théorie de la « conscience anticipante » et celle du « rêver-en-avant » et des « affects d'attente » qui, dialectiquement enchevêtrés avec la catégorie « possibilité », devrait permettre la transformation d'un « non-encore-être » utopique », toujours immanent à l'être, en un « être-en-utopie », s'identifiant à un avenir du monde et de la société où la promesse marxiste du bonheur de tous, en fraternité, sans exploitation et sans aliénation , serait enfin réalisée.

Cette pensée du « non-encore » a, comme j'ai essayé de le montrer[226], à la fois une dimension ontologique (tendant

[226] Cf. Arno Münster, *Figures de l'utopie dans la pensée d'Ernst Bloch*, Paris, Aubier, 1985 ; rééd., avec une nouvelle préface, chez Hermann, Paris, 2009 ; Arno Münster, *Messianisme et utopie. (Contribution à une « phénoménologie » de la conscience anticipante)*, PUF., Paris, 1989; Arno Münster, *Utopie, Messianismus und Apokalypse im Frühwerk von Ernst Bloch*, Francfort, Suhrkamp, 1982 ; Arno Münster, *L'utopie concrète d'Ernst Bloch. Une biographie*,

vers l'esquisse d'une ontologie du non-encore-être), une dimension morale et politique (revendiquant la conversion du matérialisme dialectique en une doctrine « morale » et une philosophie de la praxis exigeant la transformation des « rêves diurnes » et des « images de souhait » de la « conscience anticipante », en bref, en une intervention active dans le monde en vue de sa « transformation vers le meilleur » (Cf. *Le Principe Espérance*, Gallimard, 1976, t. I)). Cette pensée comporte aussi une dimension *religieuse,* prônant la prévalence d'une religiosité subjective (utopico-messianico-révolutionnaire) sur la pratique formalisée et conservatrice de la religion des Églises, et une dimension *esthétique*, culminant dans une *philosophie de la musique*. Celle-ci est principalement fondée sur la théorie du *pré-apparaître utopique* dans les grandes œuvres d'art et sur une théorie de l'art réfléchissant en profondeur sur la dialectique entre le processus subjectif de création des œuvres et la réalisation d'une substance et d'un *pré-apparaître utopique* tendanciellement immanent dans les œuvres et s'extériorisant, objectivement, avec le concours actif du créateur et de sa « génialité ».

C'est cette dernière dimension que je voudrais développer et expliciter dans cette conférence. Tout d'abord, une première tâche s'impose : Comment définir le concept blochien de « pré-apparaître utopique » ? Tentons une réponse et une toute première définition :

Dans le terme « pré-apparaître », il y a en effet deux mots : le « pré » et « l'apparaître ». Cela renvoie directement à l'anticipation, dans les œuvres et dans leur structure propre, dans la conscience subjective, d'une image utopique ou d'un principe utopico-constructeur, par exemple de celui qui a prévalu lors de la construction des cathédrales go-

préface : André Tosel, Kimé, Paris, 2001 (trad. en allemand et en italien).

thiques, au Moyen Âge, tandis que « l'apparaître » renvoie toujours à la présence d'un réel-symbolique dans l'objet qui, comme le souligne entre autres Gert Ueding, « n'est pas une simple copie des figures processuelles et tendancielles dans l'œuvre d'art mais qui signifie en même temps une présence objective renvoyant à sa capacité de transformation et à sa possible perfectibilité comme identité d'elle-même. »[227] Ainsi, la vérité devient elle-même un simple mode de l'apparaître. Mais il importe de souligner qu'à ce propos la définition blochienne du *pré-apparaître* se distingue de celle donnée du « Schein », à savoir du « apparaître », par Hegel qui, dans son *Esthétique,* identifie explicitement « apparaître », « essence » et « vérité », si bien que « l'apparaître », dans l'esthétique hégélienne, n'est rien d'autre que la production, l'extériorisation (manifestation) de la vérité (objective) par l'œuvre d'art. (Sur ce point précis, Heidegger suit effectivement les traces de Hegel). Mais, contrairement à Hegel, chez Ernst Bloch, « le non-encore-devenu de l'objet » (de l'œuvre) se manifeste dans l'œuvre d'art comme « quelque chose qui se cherche lui-même, pré-apparaissant dans sa propre signification. » Et ainsi, le « pré-apparaître est non seulement objectif, contrairement à l'apparence subjective, mais il est plutôt le mode d'être qui suscite la conscience utopique et lui signifie pour ainsi dire le *non-encore-devenu* selon l'échelle de ses possibilités. »[228]

Ainsi, l'art est pour Ernst Bloch non seulement le reflet d'une vérité métaphysiquement déterminée, mais « structuration (Gestaltung) anticipante, pré-apparaissante d'une réussite non encore arrivée et en même temps stimulation d'une praxis révolutionnaire. »[229] En même temps, Bloch

[227] Gert Ueding (édit.), *Ästhetik des Vorscheins, vol. 1*, Suhrkamp, Francfort,1974, p. 21.
[228] Ibid.
[229] Op. cit., p. 22.

oppose apparemment à la catégorie du « reflet » (de l'esthétique lukacsienne) celle de la « continuation du créer » (Fortbilden)[230], autrement dit, celle de « l'activité esthétique », une catégorie qui décrit de manière adéquate « l'essence dialectique du processus esthétique de l'œuvre, dans sa multiplicité et dans sa médiation complexe », en tenant aussi compte du rétro-effet de cette dialectique sur « la sphère de la conscience sociale et de l'action. »[231] Bloch met apparemment l'accent sur ce qu'il appelle le « rêve éveillé explicité de l'essentiel », se manifestant dans la conscience, par l'effet de stimulation déclenché par une grande œuvre de poésie ou de musique chez l'individu ; et il a souligné cela, entre autres, aussi dans sa Conférence faite en juin 1935, à Paris, au *Congrès Antifasciste de la Culture*[232] où il était le principal participant de la délégation des écrivains et intellectuels allemands antifascistes exilés, avec Bertolt Brecht, Heinrich Mann et Anna Seghers. Or, force est de constater que les réflexions blochiennes sur l'esthétique musicale et sur le contenu expressif de la musique commencent bien plus tôt, c'est-à-dire avec la publication de *L'Esprit de l'Utopie,* en 1918, dont le chapitre central est une *Philosophie de la musique* qui est pour ainsi dire la meilleure attestation de la pensée métaphysique du jeune Bloch qui résiste encore à la conversion au matérialisme et au marxisme et qui était aussi, comme cela a été très justement souligné par le très regretté *Jean-Michel Palmier* (qui a enseigné à cette université et auquel je voudrais ainsi rendre hommage ; c'était un ami), fortement influencée par l'expressionnisme et même par des courants

[230] Op. cit., p. 25.

[231] Op. cit., p. 26.

[232] Cf. « Marxisme et Poésie ». Conférence faite à Paris, en juin 1935, au *Congrès Antifasciste de la Culture*, Cf. Ernst Bloch, *Literarische Aufsätze*, Œuvres Complètes (GA), vol. 9, Francfort, Suhrkamp, 1965, pp. 135-143.

de pensée idéalistes et mystiques. C'est, comme je l'ai souligné, entre autres, dans ma biographie d'Ernst Bloch, une approche encore assez subjectiviste de la question de l'origine et de la structure des œuvres musicales et de leur structure sonore spécifique où Ernst Bloch s'efforçait d'appréhender a priori l'essence du langage musical à partir du son et du mélos, c'est-à-dire à partir de « ce que chante en nous-mêmes », en s'extériorisant, à partir de notre intériorité, notre âme, vers les formes musicales extérieures, comme « une flamme qui jaillit de nous le son entendu. »[233] C'est dans ce contexte précis que Bloch esquisse, entre autres, dans son premier grand ouvrage philosophique, cette théorie très originelle du « Ich-Ton », du « son du moï » qui lui sert de guide théorique pour ainsi dire, dans cette première grande esquisse d'une « philosophie de la musique » qu'est *L'Esprit de l'Utopie*. Cette contribution à l'histoire et à l'essence de la musique, au sens où l'entend Bloch, se distingue apparemment de tout autre traité de musicologie ou d'histoire de la musique, par son caractère essayiste et par la volonté, affichée dès les premières pages de cet ouvrage, d'interpréter l'expressivité (subjective) des grandes œuvres musicales, et notamment les structures expressives de la musique, comme extériorisation d'une *volonté utopique subjective*, au centre même d'une théorie de la genèse des grandes œuvres musicales. Certes, Ernst Bloch n'est pas complètement indifférent à l'aspect du contexte sociologique de la genèse des œuvres d'art musicales, mais – précisément à la différence d'Adorno – l'objectif que Bloch s'est fixé, dans ce livre (publié en 1918 et réédité en 1923) n'est pas du tout d'écrire une quelconque « sociologie de la musique », d'un point de vue matérialiste, mais plutôt l'esquisse de l'évolution historique des diverses figures d'objectivation de la subjectivité utopique créatrice, dans

[233] Cf. Ernst Bloch, *l'Esprit de l'Utopie*, trad. A.M. Lang, C. Audard, Paris, Gallimard, 1977.

les œuvres musicales, ce qui le conduit à affirmer, par exemple par rapport à la musique baroque et à l'époque de ce que les musicologues appellent la « Wiener Hochklassik » (c'est-à-dire, le grand classicisme viennois) que « chez Mozart s'objective le Moi temporel, chez Bach le Moi spirituel. C'est donc, chez Mozart, le moi luciférien (encore court) du temporel, et chez Bach le Moi chrétien (…) du spirituel, le Moi que la pensée protestante plus proche et plus subjective rend accessible, de la bonté ou de l'Adam sauvé.(…) C'est illuminé de l'intérieur, l'élan de la volonté chrétienne d'agir, en ce sens que la musique de Bach cherche à exprimer l'effort de l'âme vers son salut, les degrés de l'amour et de l'espérance, derrière lesquels s'élèvent les trois formes vives supérieures, les degrés de la foi, de l'illumination et de l'apocalypse, au sein d'une phénoménologie religieuse non pas plus sublime mais plus difficile et plus définitive. »[234]

On voit bien que dans cette *philosophie de la musique* qui n'hésite pas à s'exprimer parfois même en des termes religieux, le *son* – cet élément élémentaire et fondamental de toute construction musicale – n'est plus considéré comme un simple matériau (mesurable sur l'échelle des fréquences) mais comme un phénomène *expressif* et *utopico-constructif* de tout premier ordre ; car « pour devenir musical, il en est réduit au rang de celui qui s'en empare et s'en sert, pareil aux ombres qui renseignèrent Ulysse. »[235]

Par ailleurs, tous les développements et réflexions consacrés par Ernst Bloch à l'histoire de la musique et à la genèse de ses figures expressives (utopiques) d'objectivation d'une subjectivité essentialiste (du chant grégorien jusqu'à

---

[234] Ernst Bloch, *L'Esprit de l'utopie*, p. 279 sqq.

[235] Emmanuel Levinas, *Dieu, la mort et le temps*, Grasset, Paris, 1993, p. 108.

la musique romantique de Wagner, des madrigaux de la Renaissance de Monteverdi jusqu'aux grandes symphonies de Beethoven, de Schubert, de Brahms, de Bruckner et de Gustav Mahler), ne servent, en dernière analyse, que de démonstration pour l'hypothèse – déjà exprimée au début de ce chapitre – que « la musique est l'unique théurgie subjective » ; qu'elle « nous amène dans la chaude et profonde retraite ancestrale du monde intérieur, où seule une lumière brille encore au sein de l'obscurité trouble, mieux, d'où seule peut encore venir la lueur qui doit mettre fin à la confusion, à la stérile puissance de l'existant pur et simple » – retraite profonde et ancestrale qui devrait se confondre « au Jour du Jugement dernier, avec le Royaume des cieux. »[236] La lumière ici évoque, symbolise en effet ce principe utopique, cette anticipation utopique…

Nul doute que Bloch ait ici pris volontairement le risque, par l'exposition et la défense de cette théorie de la subjectivité utopique intérieure, expressive, se transformant en extériorité et s'objectivant dans les formes musicales respectives, de défier non seulement la musicologie officielle – assez méfiante à l'égard d'une telle métaphysique du langage musical –, mais aussi toutes les approches sociologiques modernes mettant l'accent sur les homologies entre les structures sociales existantes et les structures objectives des œuvres musicales de la modernité. Un fossé théorique énorme sépare ainsi l'esthétique du jeune Ernst Bloch de l'esthétique d'Adorno, cette dernière étant définie a priori comme une *sociologie matérialiste* de la musique qui, réduisant au strict minimum le facteur subjectif, dans le processus de genèse des œuvres musicales (modernes), se situera pratiquement aux antipodes de l'approche blochienne, pouvant pourtant réclamer pour elle-même une plus grande fidélité à l'égard de la théorie marxiste (matérialiste). Il est

[236] Emmanuel Levinas, *Dieu,la mort et le temps*, Op .cit., p. 110.

évident que cette faiblesse théorique – relative – de Bloch, marquant sa première esthétique de jeunesse, a limité l'impact et le rayonnement de cette « Philosophie de la musique », en laissant l'avantage aux philosophes-sociologues de Francfort qui se sont donné, eux, des instruments conceptuels peut-être plus affinés pour saisir les figures et structures de la modernité musicale, dans le cadre d'une esthétique beaucoup plus sociologique que philosophique. Mais même si Bloch fait ici plutôt figure de solitaire, précisément par l'aveu de ses liens non encore réellement démentis avec l'idéalisme, le romantisme, la mystique et aussi avec l'expressionnisme, il semble pouvoir nous séduire quand même par l'authenticité et l'humanité d'un discours sur le langage musical qui, au-delà des critiques légitimes de la musicologie professionnelle, atteste une sensibilité unique pour l'expressivité du langage musical qui n'est pas simplement réductible à des formalisations ou des explications à partir de l'évolution du matériau musical. Et c'est seulement sur ce terrain-là que Bloch sera en mesure de l'emporter sur ses concurrents.

Ce qui unit la métaphysique de la subjectivité expressive et la *philosophie de la musique* de *L'Esprit de l'Utopie* avec le *Principe Espérance* (la grande trilogie philosophique composée par Ernst Bloch pendant son exil américain, entre 1938 et 1949), c'est que Bloch reprend et rediscute ici les principaux concepts et thèmes de son premier grand livre qui commence précisément par toute une série de réflexions consacrées au son (der Ton). Le son, l'élément constructeur élémentaire de toute œuvre musicale, c'est évidemment quelque chose qui se rattache non pas exclusivement à un Moi, mais, simultanément à un *Moi* et à un *Nous*.[237]

[237] Ernst Bloch, *Le Principe Espérance,* t. III, trad. fr. F. Wuilmart, Paris, Gallimard, 1991, p. 173.

Le son, « exprime aussi ce qui est encore muet dans l'homme lui-même ». Il évoque à ce propos une source (mystérieuse) qui « jaillit et bouillonne du désir que l'on a d'être soi-même, désir inquiet qui ici s'écoute. Aspiration qui prend forme, agitation en soi qui se fait sonore, en tant que mélodie qui s'étire solitaire ou s'entrelace avec d'autres, mais figure toujours des traits humains visibles. C'est donc un bonheur d'aveugles qui s'ébauche ici, en deçà de tout comme au-delà des choses telles qu'elles existent. »[238]

Ernst Bloch identifie donc, volontairement, dans son esquisse d'une philosophie de la musique, son, mélodie (*melos)* et chant (intérieur), et ce chant est même défini, à un endroit précis du chapitre intitulé « Le franchissement et le monde le plus intensément humain qui soit : dans la musique *» (Principe Espérance,* III, ch. 51), à « un cri extériorisant une pulsion ».[239] (Il évite de dire : libido). L'origine de la musique se situe, selon Bloch, historiquement, dans l'Antiquité grecque, à savoir au moment précis où « le son de la flûte de Pan, de la flûte champêtre, était censé parvenir aux oreilles de la femme aimée, aussi éloignée qu'elle fût »[240].

Ainsi, la musique commence-t-elle par être nostalgique et fait ses débuts comme appel lancé à l'adresse de ce qui manque. En bref, la flûte de Pan est, « l'ancêtre de l'orgue, elle est le berceau de la musique comprise comme expression de l'Humain, comme *rêve-souhait sonore.* » [241]

Or, pour justifier cette théorie de l'origine de la musique, Bloch ne se s'appuie non pas sur les travaux de sociologues ou des musicologues de son époque, mais sur une fable

---

[238] Op. cit., p. 174.
[239] Ibid.
[240] Ibid.
[241] Op. cit., p. 175.

racontée par Ovide, dans les *Métamorphoses,* selon laquelle la flûte naquit en Arcadie, au moment précis où Pan s'amusait à courir après les nymphes et se mit à poursuivre Syrinx. En coupant un roseau en plusieurs morceaux, Pan aurait tenté d'imiter les sons du vent qui soufflait, et ainsi seraient nés les « débuts modestes et riches de suites de l'expression humaine qu'est la musique ».[242]

Ainsi, ce qui se situe de l'autre côté de la frontière est saisi dans une plainte, regagné dans une consolation. La nymphe disparue survit sous forme de son, en lui elle se pare, s'apprête, fait retenir son absence. Avec cette théorie aussi originelle que controversée des origines de la musique, Ernst Bloch ignore donc toutes les théories musicologiques, sociologiques et matérialistes de son époque qui s'efforçaient d'expliquer l'origine de la musique, par exemple, par le *chant collectif* pendant le travail sur les champs, donc par un rapport originaire au travail, engendrant le rythme des premiers chants, ou bien par la nécessité éprouvée par l'homme religieux d'accompagner le culte des dieux (ou de Dieu) par des récitations exprimées, par exemple à la synagogue, dans un langage musical (espèce de « Sprechgesang »). Mais il reste malgré tout toujours assez réceptif à l'égard des réflexions concernant la musique et son essence consacrées par Hegel[243], dans son esthétique, à la musique et ses contenus de vérité.

Dans ce chapitre important du tome IIIe du *Principe Espérance*, Ernst Bloch déploie donc non seulement une théorie assez subjectiviste, romantique, expressionniste et même, partiellement, mystique de la musique qui n'est pas dépourvue de certaines ressemblances avec l'esthétique du jeune Lukacs (notamment le Lukacs des *Âmes et des*

---

[242] Op. cit., p. 175.

[243] Cf. G.W.F.Hegel, *Vorlesungen über die Ästhetik.* Werke in zwanzig Bänden, Theorie-Werkausgabe, Suhrkamp, Francfort, 1970, vol. 13 – 15.

Formes), mais il y esquisse aussi, en ce qui concerne par exemple le problème du *son,* simultanément avec la théorie du *son moïque* (Ich-Ton), une théorie du *manque,* du désir et de la *transcendance* qui excelle par on originalité.

« Quelque chose manque », affirme Ernst Bloch, page 176 du tome IIIe du *Principe Espérance*, « et c'est ce manque que le son tout au moins exprime clairement. Il a lui-même quelque chose d'obscur et d'inassouvi, il flotte et s'étire, il ne s'arrête pas à un lieu fixe, comme le fait la couleur. (…) Pourtant, si le *son* ne se laisse pas définir dans l'espace, il se laisse d'autant plus nettement situer dans le temps, dans la mesure, dans le chant qui suit une certaine direction ; ainsi les figures décidées de l'Inquiétude se traduisent-elles dans des formes musicales sur la teneur desquelles on ne saurait se méprendre ; ce sont les figures bien reconnaissables des franchisseurs de frontières. »[244] La transcendance est donc une des principales caractéristiques de cette philosophie spécifique à bien des égards teintée encore de néo-romantisme utopique de la musique…

En ce qui concerne le désir, Bloch va même jusqu'à évoquer, par exemple chez Hector Berlioz, la présence d'un désir érotique incoercible ; puisque, « les figures des grands franchisseurs de frontières ont toutes en elles un ferment d'une intensité particulièrement utopique. Par exemple, la nymphe Syrinx, « sous les traits d'une jeune fille, est le thème fondamental de la *Symphonie fantastique* dont elle traverse les cinq mouvements. « Stella », c'est l'être dont l'absence est déplorée bien qu'elle soit toujours musicalement présente : au milieu des grimaces, du glas des bacchanales, de la parodie du Dies irae sur laquelle s'achève la *Symphonie fantastique.* »[245]

---

[244] Op. cit., p. 176.
[245] Op. cit., p. 177-178.

Nul doute que pour Ernst Bloch qui avait toujours une assez grande admiration pour la France, à cause de la grande Révolution de 1789 et de la *Déclaration des droits de l'Homme*, Hector Berlioz est, principalement, un « enchanteur parmi les musiciens ». Chez Berlioz, « la longue ligne mélodique qui s'étire dans l'invisible se fait aiguë et éclatante, et la planète qui pleure Syrinx, devient démoniaque. Ici l'être manquant, voire l'Absolu, n'est pas logé dans le finale (…). Il habite le faible grondement de l'orage, la scène aux champs, la réponse qui n'en est pas une et qui renferme pourtant l'autre réponse encore introuvée, dans ses implications, dans cette contexture que produit la signifiante pause survenant avant l'orage dans la coda »[246].

On peut aussi spéculer sur l'influence que la philosophie de Schelling ait pu exercer non seulement sur la philosophie blochienne de la nature (qui en porte la marque, incontestablement) (Habermas n'a-t-il pas appelé Ernst Bloch un « Schelling marxiste ? ») mais aussi sur son esthétique, et à ce propos les références (directes ou indirectes) de Bloch à la philosophie schellingienne de l'art – fondée dans *l'Absolu* (à savoir, en Dieu) – sont , me semble-t-il assez explicites. Le problème est seulement qu'Ernst Bloch ne veut pas en rester là et tente donc constamment d'élargir la perspective, précisément en direction d'une philosophie de l'art utopique (ou de l'anticipation utopique*)* qui, certes, conserve toujours une dimension assez romantique et même spirituelle mais qui s'ouvre aussi aux dimensions sociologiques de la création des œuvres d'art (musicales) dans le monde tel qu'il existe, avec toutes ses contradictions sociales.

C'est d'ailleurs ici que se situe, précisément, la différence entre la philosophie de la musique de *l'Esprit de l'Utopie* et celle exposée dans le *Principe Espérance.*

[246] Op. cit., p.178.

Évidemment, l'interprétation étonnante et très sympathique de la *Symphonie fantastique* d'Hector Berlioz, dans le Tome III du *Principe Espérance,* pourrait aussi être citée comme preuve d'un certain tournant de Bloch vers une *sociologie de la musique,* mais un tournant quand même limité.

Ce tournant se manifeste précisément là où Bloch évoque, dans ce sous-chapitre intitulé « L'expression humaine, indissociable de la musique », les tendances sociales qui sont elles-mêmes reflétées et exprimées dans le matériau sonore (par exemple de la composition de Berlioz), bien plus aussi que la force expressive purement romantique. « Aucun art n'est aussi socialement conditionné que la musique qui pourtant passe souvent pour être création automatique, voire mécanique alors qu'en réalité elle est mue entièrement de matérialisme historique, d'une très grande complexité précisément historique »[247].

Ces réflexions reflètent incontestablement l'intérêt de Bloch pour les recherches en sociologie de la musique d'Adorno qu'il avait rencontré la première fois, en 1920, à Berlin, par la médiation de Walter Benjamin, et avec lequel il avait lié une amitié qui, hélas, avait brusquement pris fin, dans des conditions assez dramatiques, pendant son exil aux États-Unis, en 1942. À certains moments, cette influence fut si grande qu'on pourrait être tenté de conclure que Bloch avait entre-temps, du moins à certains moments, adhéré à cette théorie. Par exemple, quand on lit les passages suivants (pp. 179 sq. du tome III du *Principe Espérance),* où Bloch souligne que ni « Haydn, ni Mozart ou Bach, ou Beethoven ou Brahms ne sont concevables sans la toile de fond sur laquelle se tissait le motif d'une mission sociale particulière, mission qui se traduit à des niveaux multiples, que ce soit dans le monde d'exécution, dans la structure

---

[247] Ernst Bloch, *Le Principe Espérance*, t. III, p. 179.

tonale avec sa composition, ou dans l'expression, l'énoncé du contenu. C'est la montée de l'impérialisme en Angleterre que reflètent dans leur glorieuse superbe les oratorios de Händel où éclatent les premiers accents de fierté d'un peuple d'élus. Un Brahms est impensable sans la société bourgeoise et ses concerts [Cf.« l'Ouverture académique » exécutée par Brahms à l'université de Breslau (Wroclaw), en 1859, en présence des corporations estudiantines (nationalistes), A.M.], et la musique du « néo-réalisme », prétendument dépourvue d'expressivité, est tout aussi peu concevable sans l'essor gigantesque de l'aliénation, de l'objectivation, de la réification dans le capitalisme tardif. C'est ici que la classe des consommateurs avec ses intérêts propres, et en général la panoplie des sentiments et des objectifs de la classe dominante de telle ou telle époque qu'exprime la musique. En vertu de cette faculté directe qu'elle a d'exprimer l'Humain, la musique a donc plus que tous les autres arts la propriété d'accueillir la souffrance sous ses multiples aspects, les souhaits et les points lumineux de la classe opprimée .[248] Il y a là, incontestablement, un certain tournant d'Ernst Bloch vers une analyse sociologique (matérialiste) de la musique qui, si jamais il avait persévéré dans cette voie, aurait bien pu permettre un rapprochement encore plus grand, dans le domaine de l'esthétique, avec Georges Lukacs et Theodor W. Adorno qui, finalement, n'eut pas eu lieu.

Mais, malgré cet effort de se tourner aussi vers une interprétation sociologique, matérialiste (qui était encore absente dans la « Philosophie de la musique » de *L'Esprit de L'utopie)*, Bloch a maintenu en même temps grosso modo sa propre théorie la musique, comme expression par excellence de « l'Humain », en soulignant à fortiori que « de toute évidence, l'expression d'un contenu humain n'est pas

[248] Op. cit., p. 180.

le privilège du romantisme. »[249] (III, 180). Et à ce propos, il ne relève pas du tout du hasard qu'il trouve, même dans la musique si rationnelle de J.S. Bach, ce grand maître des équations contrapointiques, des traces d'un certain romantisme, du moins d'une « expression spécifique »[250]. (Il rejoint sur ce point précis l'analyse de Bach par Albert Schweitzer). Mais, peut-être, Bloch est-il ici vraiment allé un peu trop loin, prenant délibérément le risque de se mettre à dos toute la musicologie universitaire officielle qui n'était nullement disposée à le suivre dans cette analyse et cette argumentation vite classée « d'extravagante ».

« On trouve, chez Bach », souligne Ernst Bloch, « une échelle expressive absolument unique, qui va de l'angoisse de la mort et de la nostalgie de la mort au réconfort, à la confiance, à la paix et au triomphe »[251]. Et il tombe d'accord avec Albert Schweitzer quant au jugement que « du point de vue de la musique pure, les harmonisations de Bach sont une véritable énigme : en effet, ce qui lui importe ce n'est pas de créer une mélodie qui formerait un tout esthétique, mais il se laisse guider par la poésie et l'expression verbale. Dans cette entreprise, il se risque donc très loin des principes naturels de la phrase pure, comme on peut le voir dans l'harmonisation du « Doit-il toujours en être ainsi, de la sentence et de la peine », dans la cantate n° 48 intitulée « Ô, être misérable que je suis, qui me délivrera donc ? » qui en tant que musique pure est vraiment insupportable du fait que Bach veut y faire éclater toute la brutale douleur du péché exprimée par les mots… Non content d'écrire une belle mélodie accompagnant le texte, il tente l'impossible qui devient ici possible en allant chercher dans

[249] Ibid.
[250] Op. cit., p. 182.
[251] Ibid., p. 182.

les paroles un sentiment qui, renforcé et décuplé par un certain affect, devient musicalement représentable. [252]

Pourquoi cet éloge de Schweitzer ? Tout simplement, parce que Albert Schweitzer, dans son livre sur J.S. Bach, met toujours en évidence la « toute-puissance du langage musical » du compositeur allemand (III, 184) et parce qu'il met également l'accent, et probablement « trop », pour certains musicologues, sur l'expression, à savoir sur l'expressivité humaine extraordinaire, dans les compositions de Bach. C'est dans la continuité logique de cette interprétation qu'il peut en effet affirmer, toujours au sujet de J.S. Bach, que « la musique cristalline des fugues pour orgues (...) possède toujours cette qualité expressive, en dépit même de sa structure cristalline qui est ici moins que jamais autarcique. Les œuvres les plus ouvertes sur le monde que sont celles de la période de Köthen, les concertos brandenbourgeois surtout, avec leur architecture grandiose et élégante, leurs variations multiples et l'intensification de leur teneur thématique, témoignent d'une richesse expressive dont le dynamisme résulte d'une dimension sociale et n'est certes en rien le fruit de savants calculs mathématiques. L'expression existe donc déjà dans la musique préromantique, elle est immanente à toute forme musicale de bon aloi, elle est simplement accolée à la mauvaise ; (...) ces formes ne sont ni objets ni fins en soi ; ce ne sont que des moyens d'atteindre une diction qui surpasse la parole, une diction sans paroles, et en fin de compte et toujours : la formulation d'un appel. »[253]

Or, quant à cette théorie de *l'espressivo* ou de *l'expressivité,* Ernst Bloch tient bien à préciser que « ce dont il est finalement question ici, ce n'est plus du tout de l'expression dans la musique, mais de la musique elle-

[252] Albert Schweitzer, *Johann Sebastian Bach*, 1951, p. 403, 408.
[253] Op. cit., p. 184-185.

même en tant qu'expression, c'est-à-dire de la totalité de son propos, de sa signifiance, de sa fonction réfléchissante et de ce qu'elle reproduit ou reflète de façon aussi voilée et pourtant prenante au double sens du terme. Et c'est vers cela seulement que tend la musique, cet art si jeune en vertu de sa polyphonie ; elle va à la rencontre de son langage propre, d'une *poesis a se,* encore inconnue bien que préfigurée dans une puissante expression. Un tel langage ne peut naître que d'une « musique absolue » (voilà la référence à Schelling !), non d'un quelconque texte déjà arrêté qui lui serait supérieur »[254].

Même si la philosophie de la musique blochienne repose donc sur ces deux piliers théoriques majeurs (la musique comme expression d'elle-même et comme expression d'un Absolu (ce qui atteste toujours la présence, dans cette philosophie de la musique, de Schelling), Bloch ne reste pas du tout indifférent, dans le cadre de ces réflexions, à l'égard d'autres définitions ou descriptions « phénoménologiques » de la musique, comme par exemple *la musique en tant que monde régi par des lois (mathématiques)* et b) la musique comme *harmonie des sphères* [255]; comme il ne restera pas non plus indifférent à l'égard des déterminants sociologiques des créations musicales. À ce propos, force est de souligner deux affirmations de l'auteur du *Principe Espérance* : (1) son affirmation que « sur le plan social la cause (de l'apogée romantique) en fut l'existence de l'ample couche de la bourgeoisie citadine et de son besoin d'excitation (...), et puis surtout la petite bourgeoisie et sa grande consommation de sentiments au rabais. »[256](2) Son constat que « la société s'infiltre dans le matériau sonore et l'imprègne en profondeur ; il n'est ni spontané ni d'origine naturelle (...) La sonate avec le conflit des deux thèmes, la

[254] Op. cit., p. 187.
[255] Op. cit., p. 189.
[256] Op. cit., p. 186.

tonique, le développement, la reprise [Cf. Beethoven !], présuppose la *dynamique capitaliste* ; la fugue, composée de strates sonores non dramatiques, reflète la société statique des états (J.S. Bach). La musique dite *atonale* serait impensable dans une autre conjoncture que celle du déclin de la bourgeoisie tardive auquel elle répond par les accents de son audacieux désarroi. La technique dodécaphonique qui oublie tout du rapport dynamique entre les dissonances et la consonance, la modulation et la cadence, pour créer ses séries rigoureusement fixées, eût été inconcevable au siècle de la concurrence libre. »[257]

Très probablement, Ernst Bloch n'aurait jamais pu écrire cela s'il n'avait pas rencontré au préalable, déjà dans les années 20, à Berlin, puis à Vienne, en 1934, Theodor W. Adorno, et s'il n'avait pas eu, avec le futur auteur de la *Sociologie de la musique,* un grand nombre d'entretiens et de discussions passionnantes, notamment autour de la *philosophie de la musique*. La différence de vue qui s'est pourtant fait ressentir assez tôt entre Bloch et Adorno, s'exprime pourtant dans le fait que 1° Bloch manifeste quand même, malgré son adhésion partielle aux thèses respectives d'Adorno, une certaine distance à l'égard de ce que l'on pourrait appeler le *pansociologisme* d'Adorno, et 2° que Ernst Bloch, contrairement à Adorno, manifeste, dès le début de ses réflexions philosophiques sur la musique, quand même assez peu d'intérêt pour la musique atonale et dodécaphonique, à savoir pour les compositions d'*Arnold Schönberg* et d'*Alban Berg,* alors qu'Adorno en était fasciné dès le début et s'est même installé pendant quelque temps, précisément à Vienne, pour prendre des cours de composition auprès de Alban Berg.

Et quand on lit attentivement le grand chapitre 51 du *Principe Espérance* consacré à la musique, on se rend im-

[257] Op. cit., p. 190.

médiatement compte que Bloch, contrairement à ce qu'on puisse imaginer, n'a pas quant à lui un préjugé contre une musique organisée et composée selon le canon des lois mathématiques, mais il tient quand même à souligner que « le problème ainsi soulevé n'est pas seulement celui d'un *melos sans expression*, mais – du point de vue de l'idéal et de l'image parfaite d'un canon autarcique – celui d'un *melos dépourvu du Moi,* et donc d'une musique exclusivement régie par des lois ».[258] Il cite, à titre d'illustration, la « Fugue du chat » de Scarlatti.

Or, Bloch, dans un souci de défendre à tout prix sa propre théorie de la musique comme expression d'elle-même, va effectivement jusqu'à introduire le concept de *Musique-existence,* précisément à propos de l'adagio de la 6ème Symphonie de Bruckner et du finale de la *Pastorale* de Beethoven.[259]

Or, il est évident qu'Adorno – et avec lui, toute la corporation des musicologues contemporains – n'aurait jamais accepté ce terme vu que son objectif de recherche était bien la mise en évidence des *homologies* entre les processus sociaux objectifs réels et les structures objectives des œuvres d'art, donc le matériau musical.

Il est vrai qu'on a reproché à Ernst Bloch de s'éloigner trop, avec ces affirmations et ces théories, privilégiant toujours les figures d'une expressivité subjective, d'une analyse rationnelle du matériau musical et d'avoir « dévié », volontairement, vers une herméneutique métaphysique et utopique de la musique, difficilement acceptable, notamment du point de vue d'une sociologie de la musique.[260]

---

258 Op. cit., p. 192.

259 Ibid.

260 C'est Adorno qui, dans *La philosophie de la nouvelle musique* et dans la *Théorie esthétique* formule – bien entendu, la plupart du temps, entre les lignes - ce reproche. (Cf. aussi la polémique d'Adorno contre le concept blochien de *l'expressivité subjective* in *Philosophie*

Ainsi Willi Kahl, dans le premier compte rendu, publié en décembre 1923, dans la revue allemande « Die Musik » au sujet de la « Philosophie de la musique » de *L'esprit de l'Utopie*, est en effet le premier à reprocher à Ernst Bloch « un manque de clarté conceptuelle[261], s'exprimant par exemple dans le fait que Bloch préférerait « voiler par des images, des allégories et des paraboles » des faits musicaux au lieu de les analyser concrètement, et il s'attaque aussi au terme blochien d'*accomplissement* (« Erfüllung »), en lui reprochant un certain « maniérisme » du langage qui fatiguerait le lecteur. [262]

Je me suis permis de répliquer à ces reproches, en soulignant que si l'on admet l'existence d'un « indicible transcendant utopique » dans le langage musical, on devrait plutôt féliciter Ernst Bloch pour l'ingénieuse capacité de le décrire dans un tel langage, certes, parfois allégorique et parabolique, mais non dépourvu de clarté, dans sa densité et son exubérance quasi expressionniste.[263]

Bien sûr, il est déjà beaucoup plus difficile de réfuter l'autre accusation habituellement portée par la musicologie officielle ou professionnelle contre la philosophie de la musique d'Ernst Bloch, à savoir celle qui consiste pour l'essentiel à contester la valeur de ce que Bloch dit sur l'origine et le développement historique des formes musi-

---

der neuen Musik» (Philosophie de la nouvelle musique) (éd. allemande), Francfort, Suhrkamp, 1958, p. 51 sqq.)

[261] Cf. Kahl, Willi : « Geist der Utopie » (Recension)),in : « Die Musik » [La Musique- organe de la musicologie allemande], n°16, 1923, p.204.

[262] Op. cit.,p. 204.

[263] Cf. Arno Münster, *Utopie, Messianismus und Apokalypse im Frühwerk von Ernst Bloch* (Utopie, messianisme et apocalypse dans l'oeuvre de jeunesse d'Ernst Bloch), Francfort, Suhrkamp, 1982, p. 152-154.

cales.[264] Le manque de systématisation de ces parties, surtout dans *L'Esprit de l'Utopie,* est, en effet une tare dont Bloch était lui-même conscient, mais le reproche « d'ignorance », dans ce domaine, formulé, non sans une certaine arrogance, par certains musicologues, me paraît injustifiable.

Car, qu'il s'agisse du chant grégorien, de la polyphonie des maîtres italiens du XIe et XIIe siècle, ou de la musique des maîtres de l'école franco-néerlandaise ; qu'il s'agisse de la technique des madrigaux (Monteverdi) ou de l'art de la fugue d'un Frescobaldi ou d'un J.S. Bach, sans parler des analyses extraordinaires consacrées à la musique de Mozart, de Beethoven, de Gustav Mahler et même de Richard Wagner[265] – partout, dans ce domaine, Ernst Bloch fait preuve d'une compétence unique de musicologue et d'une culture musicale immense ; mais il privilégie apparemment l'analyse des grands moments dramatiques et émotifs de la « grande musique » – en l'occurrence de la musique classique – au détriment de l'analyse « froide », systématique et mathématique des tendances immanentes du matériau musical. (Je renvoie à ce propos à son analyse du *Fidelio* de Beethoven !) Par rapport aux critiques précédentes de la musicologie, les objections formulées par Adorno sont plus sérieuses. Certes, Adorno ne cite que rarement Ernst Bloch, dans sa *Théorie esthétique* et dans ses autres écrits théo-

---

[264] Cf. à ce sujet : O.K. Werckmeister : « Ernst Blochs Theorie der Kunst » in « Die neue Rundschau » (année 79) n°2, 1968, pp. 233 sqq.
[265] Cf. le chapitre "Philosophie de la musique (Philosophie der neuen Musik), Francfort, 1958; du même auteur : *Klangfiguren (*Figures sonores, Berlin/Francfort 1959 ; *Quasi una fantasia* (Ecrits musicaux, tome II), Francfort, 1963; *Einleitung in die Musiksoziologie* (Introduction à la sociologie de la musique), Francfort, 1962 ; *Moments musicaux* (Nouveaux Essais) (1928-1962), Francfort, 1964 ; *Mahler, Eine musikalische Physiognomik* (Mahler: Une physionomie musicale), Francfort 1960: *Impromptus* (Essais musicaux - deuxième série), Francfort, 1968.

riques sur la musique[266] ; mais il n'y a pas le moindre doute qu'Adorno polémique, dans la définition et le développement même de la plupart de ses réflexions musicologiques, contre les conceptions blochiennes.

Des positions quasi diamétralement opposées se révèlent aussi lorsqu'on compare les conceptions respectives des deux philosophes au sujet du concept d'« expression » (musicale) et du concept de « génie ». Il paraît à bien des égards significatif qu'Adorno, tout en qualifiant la musique comme « l'expression extrême de certains caractères de l'élément artistique »[267], refuse le théorème blochien de la primauté de l'expression. Il insiste au contraire sur la structure transindividuelle des œuvres musicales et sur ses caractéristiques en tant que « protocoles esquissant des expériences de caractère obligatoire » dont la « force de structuration dépend du fait qu'elles expriment véritablement en elles-mêmes la dimension harmonique en profondeur ainsi que le contrepoint et la polyphonie ».[268] Pour Adorno, le référent principal n'est donc pas le sujet créateur, mais le « Nous », par exemple, celui de la musique polyphonique « issu du rituel choral et introduit dans la chose ».[269]

Et quant à ce « Nous », Adorno tient bien à préciser qu'il ne serait guère réductible à une « classe sociale détermi-

---

[266] Cf. Theodor W. Adorno, *Philosophie de la nouvelle musique (Philosophie der neuen Musik*), Francfort, 1958 ; du même auteur, *Klangfiguren* (Figures sonores, Berlin/Francfort, 1959 ; *Quasi una fantasia* (Ecrits musicaux, tome II), Francfort, 1963 ; *Einleitung in die Musiksoziologie »* (Introduction à la sociologie de la musique), Francfort, 1962 ; *Moments musicaux* (Nouveaux essais) (1928-1962), Francfort, 1964 ; *Mahler eine musikalische Physiognomik* (Mahler, une physionomie musicale), Francfort, 1960 ; *Impromptus (*Essais musicaux – deuxième série), Francfort, 1968.
[267] Cf. T.W. Adorno, *Théorie Esthétique*, Paris, 1974, p. 224.
[268] Cf . Ibid., p. 224.
[269] Cf. T.W. Adorno, Op.cit, p. 224.

née » mais que le « Nous esthétique » serait *social* et *global* seulement dans l'horizon d'une certaine *indétermination.*[270]

Ces affirmations d'Adorno sont logiques au sein même d'une conception totalement différente du rapport *sujet-objet* dans l'art. Pour Adorno, l'art même, quand il est « tenté d'anticiper une société globale non-existante »..., porte la marque de « la *non-existence du sujet.* »[271] (C'est nous qui soulignons, A.M.). Et même là où il admet, sous certaines réserves, l'accès du sujet dans l'art, il ne l'admet pas dans sa totalité expressive émotionnelle et existentielle, ni comme élément de la communication, mais exclusivement en tant que facteur du travail. Le sujet individuel n'est pour lui plus guère qu'une « valeur limite », qu'un « élément minimal dont l'œuvre a besoin pour se cristalliser ».[272] Adorno ne considère par conséquent le sujet que comme une instance de passage et de cristallisation inconsciente du social. « Le travail de l'œuvre d'art » dit-il, est « social à travers l'individu, sans que celui-ci ait par là conscience de la société ».[273] Sans pour autant vouloir exclure complètement le sujet, Adorno nous met donc constamment en garde contre la tentation de la *surestimation du facteur subjectif* – reproche fait, entre autres, à Ernst Bloch –, en insistant sur l'état de fait d'une « réciprocité du sujet et de l'objet dans l'œuvre qui ne peut être une identité, mais qui se maintient dans un équilibre précaire ».[274] Le processus subjectif de production est indifférent, dit-il, « selon son aspect privé[275], et il souligne au contraire l'importance du côté objectif, dans le processus de création artistique qui est, pour lui, la condition préalable pour que se réalise la

[270] Ibid., p. 224.
[271] Op.cit., p. 224
[272] Op.cit., p.223.
[273] Ibid. (Cf. note 76).
[274] Op.cit., p. 222.
[275] Ibid.

« légalité immanente » de l'œuvre. Bien entendu, Adorno se garde de prétendre que l'œuvre faisant partie d'un processus historico-social ainsi déterminé et orienté pourrait « se passer » complètement de l'âme créatrice de l'artiste, mais il est évident que sa sociologie de l'art et de la musique tend à considérer l'artiste uniquement sous son aspect d'outil, « d'outil prolongé, d'outil du passage de la potentialité à l'actualité ». [276] De même Adorno exprime les plus fortes réserves à l'égard du « concept de génie » qu'il attaque presque comme une survivance romantique complètement dépassée ; en polémiquant au passage avec Alois Riegl[277] dont la notion de « vouloir de l'art » (*Kunstwille)* basée sur la théorie de la subjectivité créatrice est fustigée dans la *Théorie Esthétique (1970),* il affirme qu'il faudrait absolument rapporter le concept de génie « à son objectivité historico-philosophique », « si l'on ne veut pas simplement le liquider ».[278] Contestant la subjectivité comme seul critère de la qualité esthétique, Adorno a tendance à renverser radicalement la théorie du « vouloir d'art » d'*Alois Riegl* (très appréciée par Ernst Bloch), en défendant le point de vue presque radicalement opposé, en prônant que les « œuvres » sont leur propre critère »… et « la règle qu'elles se posent elles-mêmes ».[279]

On voit donc qu'il y a là bien deux approches philosophiques et deux théories de la musique a priori incompatibles, mais en même temps complémentaires en un sens : celle d'Ernst Bloch, voulant sauvegarder absolument, contre vents et marées, la subjectivité théurgique, romantique et utopique toujours à l'œuvre, selon lui, dans le processus de création des grandes œuvres musicales, et celle d'Adorno, minimisant explicitement et volontairement le

---

[276] Ibid.

[277] Cf. note 32.

[278] Op. cit., 227

[279] Op. cit., p. 226.

facteur subjectif, au nom précisément d'une théorie matérialiste, marxiste et sociologique objectivante de la musique qui s'efforce a priori de mettre en évidence la présence et la monstration du social, dans les œuvres. La grandeur d'Ernst Bloch, dans cette compétition, dans ce qu'un Paul Ricœur aurait appelé, probablement, ce conflit d'interprétation, me semble cependant consister dans le fait qu'il a réussi, plus que ses concurrents dans ce domaine précis, à décrire, dans un langage exceptionnel et très convaincant, ce qui est spécifiquement humain et utopique, dans le langage musical, en nous donnant des exemples d'illustration et d'interprétation vraiment très convaincants, par la richesse et la densité de ce qui est dit, par exemple, dans son interprétation du *Fidélio* ou de la *IXe Symphonie* de Beethoven, et à propos de « l'aura du vraiment et intensément humain », dans le langage musical beethovénien.

Mais en voulant ainsi absolument séparer le concept de génie du sujet créateur et le sujet créateur de l'œuvre (parlant le langage de sa propre autonomie objective), Adorno ne « succombera-t-il pas à la séduction d'un pansociologisme qui englobe œuvres d'art et artistes, réduits au rang de simples exécuteurs-fonctionnaires »[280], comme le souligne à juste titre Mario Turchetti ?

En soulignant si radicalement la « divergence » du sujet et de l'objet, Adorno, peut, certes se réclamer, au moins partiellement, de l'anti-psychologisme de Kant et de celui de Fichte, pour conforter sa thèse de la non-convergence, de la non-identité de l'authentique dans l'art et de la « liberté du particulier émancipé »[281], mais, pourrait-on se questionner, ne se laisse-t-il pas quand même emporter un peu par sa propre radicalité, en affirmant par exemple que

[280] Cf. Mario Turchetti « Adorno, Philosophie de la musique et historicité »; in "Revue esthétique" – nouvelle série n°4, Toulouse, 1982, p.9.

[281] T.W. Adorno, Op. cit., p. 227.

« l'individuation des œuvres d'art, médiatisée par la spontanéité, est en elles ce par quoi elles s'objectivisent »[282], et que, par conséquent, le « concept de génie » serait « faux parce que les œuvres ne sont pas des créations et les hommes des créateurs » ?[283]

La tare de l'esthétique du génie serait donc de « supprimer le moment de faire final, de la *technè,* dans les œuvres d'art, en faveur de leur primitivité absolue, quasiment de leur *natura naturans* »[284], donnant par là-même le jour à une « idéologie de l'œuvre d'art comme quelque chose d'organique et d'inconscient », à savoir à une idéologie qui « s'élargirait ensuite en flot trouble de l'irrationalisme ».[285] Ce jugement exprime le grand doute d'Adorno qu'on puisse vraiment fonder une esthétique matérialiste sur la seule croyance en la substantialité de l'inspiration particulière du sujet, sans tenir compte, dans la construction des œuvres, de la matérialité de l'étroite liaison *travail – imagination.* Ainsi Adorno renverse-t-il délibérément les bases théoriques de l'esthétisme du génie, celle de Kant, de Schelling, de Schopenhauer, de Riegl, de Worringer et d'Ernst Bloch, en diminuant au maximum la fonction du sujet créateur au profit du « primat croissant de la construction ».[286]

Et ce glissement opéré par Adorno en faveur de la primauté du matériau, du travail substantiellement codéterminé par celui-ci et de la technique, trouve son pendant dans une relativisation audacieuse de la fonction et du « concept de l'imagination » qu'Adorno définit, à un moment précis de sa *Théorie Esthétique,* comme le « différentiel de la liberté au sein même de la détermination ».[287] Dans une telle

[282] Ibid.
[283] Ibid.
[284] Ibid.
[285] Ibid.
[286] Op.cit., p. 232.
[287] Op.cit., p. 46.

position, Ernst Bloch sut reconnaître une tendance manifeste vers la « Versachlichung », vers une « objectivation » voire un déterminisme non avoué du travail de l'artiste par la structure objective du matériau qui réduit trop l'impact de la créativité exceptionnelle de l'imagination projective (constructive) du sujet. Adorno introduit aussi, dans le débat sur la dialectique sujet-objet, dans l'esthétique, la théorie d'un « élément collectif » (historiquement et socialement déterminé) qui serait investi dans la totalité de l'œuvre au même degré que l'élément purement subjectif.

Sur la base du même différend théorique, Adorno oppose alors au concept blochien de la *transgression* celui de l'intégration objective de l'œuvre dans le monde moderne administré, à la réification des réalisations subjectives. « Aux interventions permanentes du moi, affirme Adorno, « correspond une tendance à la *démission par impuissance,* conformément au principe mécanique séculaire de l'esprit bourgeois consistant à *réifier* les réalisations subjectives, à les transposer, pour ainsi dire, hors du sujet, et à ignorer de telles réalisations comme garanties d'une objectivité décisive et invulnérable. »[288]

Le fait qu'Ernst Bloch semble ignorer cette tendance manifeste vers l'intégration et la neutralisation des impulsions primitivement révolutionnaires de l'art dans le monde moderne, est apparemment une faiblesse de son esthétique, mais la confrontation des deux positions antagonistes révèle aussi que la précision avec laquelle Adorno analyse la *perte de l'aura* et les mécanismes d'intégration de l'œuvre d'art dans le monde moderne, à l'époque de sa reproductibilité technique (comme le souligne Walter Benjamin), amène

---

[288] Ces propos d'Ernst Bloch sont ici cités d'après l'entretien réalisé avec Arno Münster, en mars 1975, à Paris, reproduit dans le volume *"Gespräche mit Ernst Bloch »,* (éd. par Rainer Traub et Harald Wieser), Francfort, Suhrkamp, 1975, p. 221 à 228, p. 238 (Traduction de la citation de l'allemand par l'auteur – A.M.).

celui-ci à formuler avant tout une esthétique de la modernité au détriment d'une esthétique englobant, avec la même précision, l'analyse des productions culturelles des siècles précédents, et de la période pré-capitaliste.

Ainsi Ernst Bloch semble vouloir retourner les accusations portées contre lui, dans ce sens, par W. Benjamin et Theodor W. Adorno, en mettant l'accent sur l'insuffisance, voire l'inopérabilité de leur approche théorique (esthétique) respective pour le pré-moderne.

Lors d'un entretien, enregistré en mars 1975, à Paris, fut posée à Bloch la question de savoir s'il ne pensait pas que la transformation de l'œuvre d'art en marchandise ainsi que les techniques d'intégration et de manipulation (caractérisant la société post-moderne) auraient déjà largement détruit l'efficacité utopique de l'œuvre d'art. Il répondit ainsi :

« La commercialisation est un terme qui a été créé à l'époque du capitalisme pour désigner la transformation des hommes et de tous les êtres en marchandises ; mais cum grano salis il est aussi valable pour les périodes antérieures. Lorsqu'on parle de « commercialisation » de l'art il faut tenir compte du fait que la nature de l'art en tant que production et produit est très différente de celle de la marchandise produite de manière industrielle, sérielle. Car l'art reproductible ne constitue pas tout le champ de l'art. Certes, à d'autres époques, l'art avait aussi un aspect culinaire, un aspect de « consommation », par exemple, lorsque la musique de Haydn et de Mozart et des compositeurs italiens du XVIIe et du XVIIIe siècle était jouée comme « Tafelmusik », c'est-à-dire comme une musique accompagnatrice au milieu du dîner et des conversations. Mais avec cela on ne réalisait pas de plus-value, pas de profit. Il serait donc plus juste de parler dans le domaine de l'art, à cause de l'existence d'un grand nombre de différences par rapport à la production de marchandises, non pas de « commercialisation », mais « d'idéologisation » (de transformation en

Une différence de vue et d'interprétation presque identique se révèle cependant lors de la comparaison exacte des définitions données par Adorno et par Ernst Bloch du concept du « nouveau ». Pour Adorno, le « nouveau » est réductible au « cryptogramme » et à « l'image de déclin » que l'art exprime dans sa pleine négativité.[299]

Apparemment, cette définition adornienne se réfère explicitement au destin de l'œuvre d'art à l'époque de la modernisation, à savoir à la modernité, avec ses excès dans la technologie, ses dysharmonies, sa massification, ses techniques sophistiquées de manipulation de la conscience réifiée, etc., avec sa commercialisation excessive de tout et son intégration de tout ce qui, primitivement, était protestation contre la société. Chez Ernst Bloch, par contre, la réflexion philosophique sur le « nouveau » ne fait pas partie d'une telle vision du monde moderne et de ses tendances immanentes. Bloch ne fait pas la liaison – automatique et directe – du « nouveau » avec la « négativité » ; il associe plutôt, depuis ses premiers écrits, et notamment *Le Principe Espérance,* le concept de « nouveau » aux catégories

---

intériorité encore inconnue qui est en même temps, un hymne (sans raison et sans objet précis) saluant quelque chose de nouveau. » (Et là, Bloch cite *La Deuxième Symphonie* et *La Septième Symphonie* de Gustav Mahler ainsi que la seconde partie de *La Huitième Symphonie*, composée sur le texte du *Faust* de Goethe.) Ici, dit-il, au sujet de cette musique quelque chose se manifeste en apportant un accomplissement de ce qui était auparavant dans l'obscurité. Et l'obscur lui-même devient lumière. La lumière dans l'obscur reste obscure, mais pas en tant que ténèbres mais en tant que silence, en tant que « silence sonnant » (« tönendes Schweigen ») s'exprimant sans sentimentalisme et avec une très grande émotivité dans cette musique. » (Cet interview est citée d'après le recueil d'entretiens avec Ernst Bloch « Tagträume vom aufrechten Gang. Sechs interviews mit Ernst Bloch », présentation et annotations par Arno Münster, Francfort, Suhrkamp, 1977, p. 127-153, citation traduite par l'auteur et l'éditeur de ce volume, pages 140-141).

[299] T.W. Adorno, *Théorie esthétique*, p.46.

de « front », « avenir » et « aurore »[300], en attribuant à ce concept également un sens positif, à savoir, la qualité d'ouvrir – temporellement, historiquement – l'horizon de réalisation des potentialités utopiques non encore conscientes, non encore réalisées.[301] En affirmant, contre Adorno, et d'une certaine manière aussi contre le pessimisme historique de Schopenhauer et de Nietzsche, la possibilité réelle de l'irruption, dans l'histoire de l'humanité opprimée et aliénée, d'un élément *libérateur* nouveau, d'une « chance » réelle, certes difficile, mais concrète d'émancipation, Bloch surestime peut-être les capacités novatrices et salutaires du « nouveau », au détriment des aspects destructeurs et apocalyptiques impliqués dans ce concept, en détournant notre regard des échecs, des calvaires et des catastrophes historiques de l'humanité (y compris la Shoa) et en le fixant volontairement sur les images et les brefs moments historiques porteurs de potentialités utopiques positives. Cette façon de penser est apparemment l'émanation directe d'une vision messianique de l'histoire qu'Ernst Bloch défend toujours, avec un certain enthousiasme, presque au même degré que Walter Benjamin, mais en niant les conclusions pessimistes des *Thèses sur la Philosophie de l'histoire* (1940) de ce dernier, contre le pessimisme historique absolu de Schopenhauer, de F. Nietzsche et d'autres philosophes de l'époque moderne (y compris ceux représentatifs de *l'École de Francfort).*

Même la confirmation, voire le dépassement, par l'histoire du XXe siècle, des pronostics les plus pessimistes

[300] Cf. Op.cit., p. 248

[301] Cf. Walter Benjamin, *Thèses sur la philosophie de l'histoire* (Über den Begriff der Geschichte », Thèse IX (évocation de « l'ange de l'histoire » qui ne voit qu'une seule catastrophe amoncelant débris sur débris et les lui jetant devant ses pieds »), in : Walter Benjamin : *Œuvres II, Poésie et Révolution (*Essais), trad. de l'allemand par Maurice de Gandillac, Paris, Lettres nouvelles / Denoël, 1971, p. 279.

sur l'évolution de l'humanité, même l'expérience infernale du fascisme hitlérien et du stalinisme, des camps d'extermination nazis, des Goulags soviétiques et du génocide systématiquement pratiqué par les nazis à l'égard des juifs, n'ont pu convaincre Ernst Bloch de la nécessité de réviser, après 1945, ses définitions euphoriques de l'utopie et du « nouveau » auxquelles Adorno a toujours voulu opposer une vision beaucoup plus pessimiste et peut-être plus réaliste, en affirmant que le « nouveau » a toujours tendance à apparaître « comme une fin en soi » dans la mesure où il « se compromet sur le plan politique et pratique »[302], même là où il présente, au début de son apparition, sur le plan de l'histoire, toutes les caractéristiques d'une amélioration radicale (de l'état du monde).

Bloch n'oppose donc pas à ces affirmations très lucides d'Adorno un refus catégorique et aveugle de reconnaître l'ampleur et l'immanence permanente du mal, mais son *messianisme utopique*, ce qui n'exclut cependant pas du tout l'hypothèse, la possibilité de l'arrivée, au cours de l'histoire de l'humanité, d'une utopie très négative, de Satan ou d'un « anti-messie » cruel, transformant le monde dans un enfer de crimes et de sang, mais malgré tout cela, il lui semble exclu de vouloir en conséquence déclarer a priori la *mort de l'utopie* et de renoncer à l'attente d'une rédemption finale du monde, sous le signe d'une attente messianique –sécularisée, s'exprimant dans l'espérance bien réelle des hommes de la concrétisation de l'utopie, en dépit de tous les « détours » apocalyptiques et anti-utopiques qui ont jusqu'à maintenant plus que défiguré le visage tourmenté et torturé de l'histoire de l'humanité. C'est ce qui le sépare, sur le plan théorique, non seulement d'Adorno mais aussi de la « cassandre » Günther Anders.

---

[302] T.W. Adorno, Op. cit., p. 102

Cette attente messianique apparaît dans la pensée blochienne sous de multiples formes, par exemple, en tant qu'affect d'attente lié à un « non-encore-conscient »[303] et aux *rêves diurnes*, au niveau de la psyché, ou bien en tant qu'immanence pré-utopique de l'étant, comme catégorie de la potentialité et de la processualité[304], ou bien en tant qu'*espérance* (anticipatrice), capable de réaliser le *rêve d'un monde meilleur*, au niveau de la philosophie de la praxis.[305]

Nous nous sommes efforcés de démontrer dans quelle mesure cette catégorie-clé de la philosophie de la praxis et de l'ontologie utopique blochienne (l'attente messianique) s'impose aussi comme anticipation de l'espérance utopique et d'un « principe utopie » (dans les grandes œuvres d'art), dans le domaine de l'esthétique.

Quoi qu'on puisse donc dire contre cette totalisation des concepts de l'espérance de l'utopie et de l'anticipation, dans le système de pensée blochien (et nous avons fait ici largement place à la critique, parfois même radicale, de ses conceptions), cette « greffe » d'une vision du monde à la fois ouverte vers l'avenir et tournée vers la découverte de potentialités utopiques immanentes, vers les processus d'une dialectisation de potentialités créatrices non encore réalisées, dans le champ complexifié de l'esthétique et de l'histoire, ne nous semble pas être abusive ou bien une « invasion » d'un territoire hermétique par un concept et une dialectique de pensée qui lui seraient étrangers.

---

[303] Cf. Ernst Bloch, *Le Principe Espérance*, tome I, Paris, 1976, pp. 142 sqq.
[304] Cf. Ibid., p. 374-375.
[305] Cf. Ibid., p. 367 sqq.

Elle n'est, vue sur le fond de la « ligne générale » de la philosophie blochienne, où le concept de « transgression » et « d'anticipation utopique » occupent toujours le devant de la scène, qu'une conséquence logique.

Rien n'illustre mieux cette pensée – qui mériterait d'être définie comme un « marxisme de l'imagination créatrice utopique » – que l'affirmation suivante exprimée par l'auteur du *Principe Espérance*, lors de son intervention intitulée « Marxisme et poésie », faite au « *Congrès antifasciste pour la Défense de la Culture* », organisé à Paris, à la « Mutualité », en juin 1935, où Bloch a affirmé, entre autres : « (Ainsi) le marxisme qui a causé autant de mauvaise conscience à l'imagination, est en même temps l'arme apte à remédier à l'imagination blessée. La démystification des mensonges et la séparation de l'apparence d'une possible anticipation esthétique ne peuvent que renforcer et rendre de plus en plus essentielle une poésie qui se comprend elle-même comme force productrice. De même, le marxisme ne crée pas la disparité entre le monde et la liberté de l'intériorité, et la solitude de l'intériorité devant cette liberté, comme le décrit Sartre. Il veut au contraire émanciper naturellement le monde de l'intériorité, de leur aliénation, de leur réification respective. C'est vraiment réaliste, mais pas dans le sens d'une copie sans valeur. Au contraire, sa réalité se nomme : réalité plus l'avenir (l'avenir contenu en elle-même). Elle apporte la preuve par sa propre transformation concrète qu'elle tient prête: il y a encore une plénitude de rêves non encore réalisés, une plénitude de continus historiques et de potentialités immenses de la nature non encore apparus. Rarement, les maîtres en poésie ont-ils pu trouver une matière plus exquise que la nôtre, en attentelatence (permanente), avec toutes ses aventures – dans sa réalité ».[306]

(Conférence prononcée au Colloque *Musique et utopie*, organisé par Jean-Paul Olive, le 26 octobre 2012, à l'Université de Paris VIII).

---

[306] Cf. Ernst Bloch, *Literarische Aufsätze* (Essais littéraires), Francfort, Suhrkamp, 1965, pp. 142-143.

VI - UTOPISER LE MONDE ?
LA VRAIE SIGNIFICATION DE « L'UTOPIE CONCRÈTE » CHEZ ERNST BLOCH[307]

Si la plupart de nos contemporains sont évidemment aujourd'hui devenus si « allergiques » aux utopies, en général, soupçonnées d'être des constructions imaginaires de sociétés *totalitaires*, c'est parce que, incontestablement, les concrétisations de ces utopies, au courant du XXe siècle, et la perversion bureaucratico-totalitaire de l'utopie communiste, en Union soviétique, ont fourni un tel démenti aux espérances utopiques exprimées à une certaine époque, qu'il est en effet devenu très difficile de se réclamer encore aujourd'hui de cet « esprit utopique » et des « utopies historiques » en général, dans les débats philosophico-politiques ayant pour objet la possibilité de la construction d'une société autre, plus juste et plus égalitaire. (À ce propos, il est significatif, je pense, que le plus petit courant politique – minoritaire – au sein même du Parti Socialiste français, à savoir celui qui n'a obtenu que 1,8 % de voix au Congrès de Reims, est le courant « Utopia », qui se trouve ainsi marginalisé au sein même d'un parti qui, après le « mitterrandisme » néo-jaurésien, avait opéré un véritable tournant « social-libéral », en transformant ce parti, majoritairement, en un parti social-démocrate.

Comme Bronislaw Baczko le souligne, très justement, dans la Préface à son grand livre consacré aux *Lumières de*

[307] Conférence prononcée le 6 juin 2014, au Colloque « Utopiser le Monde ? » organisée par David Schreiber, à la Faculté Libre de Théologie Protestante de Paris, en collaboration avec l'EHESS et le CNRS.

l'Utopie (Payot, Paris, 1978) : « pris dans les flambeaux de l'utopie, les regards se tournent (quand même) vers les visions d'une société *autre,* opposée à la société existante, car réconciliée avec la raison, l'histoire, le bonheur [la justice], et cela déjà depuis Platon et Thomas More. Mais « imaginer la Cité Nouvelle ne signifie pas nécessairement s'abandonner à un sommeil peuplé de rêves. La production de rêves sociaux peut devenir une pratique intellectuelle spécifique telle qu'elle impose les exigences utopiques pénétrant dans les circuits de représentation symboliques. »[308] C'est évidemment dans cette perspective que Bronislaw Baczko s'est efforcé de montrer, dans son livre, comment s'allument et s'éteignent les feux de l'Utopie, au XVIIIe siècle.[309] Mais l'utopie n'est-elle vraiment, comme il l'affirme, qu'une image, une étincelle, une lumière, une comète qui apparaît subitement sur le ciel nocturne, à un moment précis de l'histoire de notre civilisation et – de préférence – à des moments de crise ? N'est-elle qu'un rêve des humains opprimés et souffrants, dont la durée est nécessairement limitée et qui est chaque fois condamné à se dissoudre et à s'abîmer dans les sombres réalités de notre monde, à savoir dans l'échec, les catastrophes économiques et politiques et dans la désespérance ? Les humains ne sont-il pas chaque fois plutôt punis pour le « péché » d'avoir trop « rêvé-en-avant » ou d'avoir tout simplement trop cru dans la force politique et morale des utopies qui, comme nous le savons maintenant, ne se sont que trop fréquemment, et avec une fatalité presque inévitable, transformées en des sociétés et des États totalitaires dont la pratique était tout autre qu'« utopique » ? Est-ce que la réalisation de l'utopie tue et enterre forcément l'utopie ? C'est la question que pose, entre autres, Adorno qui, dans un entretien radiophonique avec Ernst Bloch de l'année 1962, intitulé « Des con-

---

[308] Bronislaw Baczko, *Lumières de l'Utopie*, Payot, Paris, 1978, p. 7.
[309] Ibid., p. 9.

tradictions de la nostalgie utopique » (entretien qui sera aussi publié prochainement en traduction française, chez Hermann), où Adorno évoque et souligne, entre autres, la « régression de la conscience utopique » dans notre modernité (dominée par la technique), régression de la conscience utopique qu'il explique, en tant que sociologue, par le fait que l'homme moderne (moyen) serait, certes, prêt à admettre qu'un monde autre (utopique) serait peut-être possible, mais qu'en même temps « l'appareil social s'est endurci à tel point que ce qui se présente à leurs yeux comme possibilité à portée de la main et comme possibilité manifeste de l'accomplissement, se présente à eux comme radicalement impossible ».[310] Et cela serait la conséquence du fait que les hommes ne peuvent pas vraiment maîtriser la contradiction entre la possibilité manifeste de l'accomplissement et l'impossibilité également manifeste de l'accomplissement [utopique] que de la manière à ce qu'ils s'identifient avec cette impossibilité, qu'ils s'approprient cette impossibilité, de sorte qu'ils s'identifient, pour parler avec Freud, « avec l'agresseur », en disant que ça ne devrait pas être, alors qu'ils ressentent que cela devrait bien être, mais que cela leur est interdit par l'ensorcellement du monde.[311] Contre l'interdiction défendue par Adorno de toute esquisse et de toute image positive de l'utopie, Ernst Bloch oppose, dans cet entretien, la validité positive des grandes utopies sociales, de *L'Utopia* (1516) de Thomas More jusqu'aux utopies fouriéristes, comme « rêves d'une vie meilleure » et comme « transformation du monde pour rendre au maximum possible le bonheur, le bonheur social. » « Les utopies, souligne-t-il,

[310] Cf. Adorno/Bloch , « Etwas fehlt (...) über die Widersprüche der utopischen Sehnsucht » (Quelque chose manque, à propos des contradictions de la nostalgie utopique), in Traub/Wieser (édit.), Gespräche mit Ernst Bloch, Suhrkamp, Francfort, 1975, p. 60.
[311] Ibid., p. 61.

ont aussi leurs « horaires » ; car leur contenu dépend directement des rapports sociaux ».[312] Et contre le postulat adornien qu'il faudrait plutôt interdire, au nom de l'utopie, de se faire une image de l'utopie[313], il affirme que « la fonction essentielle de l'utopie est la critique de l'ordre existant. » « Oui », réplique alors Adorno, « puisque l'utopie est essentiellement dans la négation déterminée, dans la négation de ce qui est et qui, en se concrétisant toujours comme fausse, renvoie toujours en même temps à ce qui devrait être. »[314] À Ernst Bloch alors de conclure cet entretien extraordinaire, en rappelant la phrase de Oscar Wilde : « La mappe géographique du monde ne mérite même pas un regard si le pays « Utopia » y manque».[315] Évidemment, nous vivons aujourd'hui une époque où les lumières de l'utopie semblent être totalement éteintes, après avoir été rallumées, du moins, brièvement, sous le « Front Populaire », en 1936, après la Libération, en 1944, puis, en mai 68, et en 1973, avec l'affaire LIP. En effet, l'échec a chaque fois libéré la voie aux conservateurs, aux libéraux ou bien aux réformistes, dans le camp du progrès, dont le pragmatisme faisait, dans la pratique gouvernementale toujours barrage à toutes les revendications et projets « utopiques » de la gauche (radicale). Et cela continue… Défendre donc encore, dans ce contexte précis de la plus grande désillusion et du plus grand échec historique du socialisme, au moment même de la montée dangereuse des nationalismes, du racisme, de la xénophobie, de l'islamophobie, de l'antisémitisme et de « l'identitarisme » de tout genre, les utopies, « l'esprit utopique » ou des projets de société utopiques en général, signifie donc, nécessairement, être à « contre-courant » et défier la « pensée unique », au prix

[312] Op. cit., p. 62.
[313] Op. cit., p. 69.
[314] Op. cit., p. 70.
[315] Op. cit., p. 76.

bien sûr d'une marginalisation quasi-totale par un système dominé par l'argent et les médias. Et pourtant, dirais-je, il vaut peut-être encore la peine de tenir un discours utopique, même si cela nécessite, évidemment, beaucoup de courage… ; car il n'est pas possible d'éteindre à long terme ou à jamais tous les rêves utopiques, à savoir ce que Ernst Bloch appelle le « rêver-en-avant » qui est toujours porteur de projets alternatifs que nos sociétés en mutation permanente ne réussissent pas vraiment à étouffer totalement.

Or, comme nous le rappelle Ernst Bloch, le lien entre *l'utopie* (les utopies) et le *rêve* est absolument indestructible et constitutif, mais pas exclusivement comme rêve social d'une classe ou d'une couche ascendante (par exemple, le rêve politique émancipateur du « Tiers État » ayant été concrétisé en 1789 par la Révolution Française), mais plutôt comme *fonction utopique* de la *conscience anticipante* de l'individu dont les rêves diurnes (Tagträume) peuvent facilement épouser les archétypes de libération et d'émancipation, avant de se transformer en une praxis visant la construction d'un monde meilleur, via la médiation de la catégorie de « possibilité ».(À ce propos, Bloch nous renvoie, par exemple, dans le tome Ier du *Principe Espérance*, entre autres, au motif des trompettes, dans le 3e Acte du *Fidelio* de Beethoven, annonçant l'arrivée du ministre et la libération du prisonnier Florestan, ainsi qu'à d'autres archétypes de ce genre, dans l'histoire de la musique, de l'architecture ou dans la littérature mondiale.) Mais, incontestablement, « l'utopisation du monde » est aussi et surtout l'œuvre du *rêver-en-avant* (nach vorwärts träumen), c'est-à-dire de cet effort de transformer les « rêves diurnes » (négligés par S. Freud) en travail constructif, sur le chantier de la réalisation du possible (ou des possibles), dans le cadre d'une véritable dynamique, extériorisant et concrétisant les potentialités créatrices de l'homme, sommeillant et contenues dans la « conscience anticipante » des individus. Or, pour que le « rêve diurne » (Tagtraum) puisse devenir réalité, il faut plusieurs étapes, en bref, tout un processus décrit par Ernst Bloch comme processus d'un « réveil », et il faudrait que ce « réveil », arrachant le soi à sa passivité et à son sommeil, s'enchevêtre avec la volonté subjective de concrétiser et de modéliser les figures utopiques des rêves diurnes dans la réalité existante, en traçant la voie de ses concrétisations et en inventant une praxis nouvelle : celle de l'imagination utopique constitutive de « l'utopie concrète ». Il s'agit là d'une praxis *désaliénante*, libératrice, émancipatrice, capable de libérer l'homme (travaillant) des contraintes d'un système autoritaire d'oppression et d'aliénation, et de l'émanciper de la servitude, des rapports maître-esclave et de toutes les conditions faisant de l'homme « un être méprisé, exploité, aliéné, humilié »[316](Marx).

Dans le rapprochement effectué ici entre l'artiste-créateur et le penseur de l'utopie concrète, l'accent est volontairement mis sur la volonté utopique inspirant et incitant pour ainsi dire, l'un et l'autre, une volonté utopique dont le but commun est, évidemment d'opposer aux réalités existantes le projet utopique d'un monde autre libéré de ses contraintes et de ses injustices insupportables. Et c'est précisément à ce niveau-là qu'Ernst Bloch va également épouser, pour ainsi dire, après son tournant vers le matérialisme historique, en 1923-24, la vision marxienne de l'émancipation sociale via une lecture et interprétation nouvelle et très originelle des *XI Thèses de Marx sur Feuerbach*[317], une lecture marquée dès le début par une forte volonté d'opérer une convergence de son propre concept

[316] Cf. Karl Marx, *Introduction à la « Critique de la Philosophie hégélienne du Droit »*(1843), in MEW (Œuvres de Marx et Engels), vol. 1, Dietz, Berlin (DDR), 1964, p. 203sq.
[317] Cf. *Le Principe Espérance,* Tome 1, Gallimard, Paris, 1976, pp. 301-345)

d'une praxis (utopique, anticipatrice du bonheur et de la fraternité entre les hommes) avec le concept de praxis, visant une révolution et une émancipation sociale des travailleurs des conditions d'exploitation du capitalisme de Marx.

Mais Ernst Bloch va apparemment beaucoup plus loin, en tentant, notamment dans le tome II du *Principe Espérance* (*l'Abrégé des Utopies sociales*) de récupérer dans une large mesure l'histoire des utopies et notamment ce qu'il appelle « les utopies libertaires » pour ses propres projets d'une praxis fondée sur l'identification de la volonté d'agir des hommes et des femmes en vue de la construction d'un monde meilleur, avec la praxis de l'utopie concrète. (Dans une de ses interviews des années 70, Bloch va même jusqu'à définir le marxisme en général, c'est-à-dire le marxisme rénové, dédogmatisé, humanisé, comme « utopie concrète »). Cette « récupération » s'effectue dans le cadre d'une analyse et d'une perspective critique de l'histoire des Utopies, de l'utopie platonicienne fondée sur l'idée de justice (dans *La République*) via l'analyse des utopies de la Renaissance (Thomas More, Campanella, Francis Bacon) jusqu'aux grandes utopies socialistes et communistes du 19e siècle (Owen, Saint-Simon, Fourier, Cabet...).

Cette revalorisation des utopies par Ernst Bloch s'inscrit apparemment contre la tendance manifeste de la vulgate marxiste-léniniste (de l'époque stalinienne) de réduire l'impact des utopies sur la philosophie du matérialisme historique et dialectique au strict minimum et d'opposer, assez dogmatiquement, aux « soi-disant « rêveurs utopiques », dans l'histoire du socialisme/communisme, le « marxisme-léninisme-stalinisme » comme idéologie et nouvelle vision du monde strictement scientifique, épurée de tout élément utopique. Cette rébellion de Bloch contre la vulgate marxiste-léniniste (stalinienne), au nom précisément de la défense obstinée de sa part de « l'esprit utopique », en tant que ferment nécessaire et indispensable d'un marxisme rénové, refondé aussi en tant que « morale », cette défense de la subjectivité créatrice du Moi et aussi d'une certaine religiosité utopique contre le pandéterminisme d'un matérialisme dogmatisé et canonisé, cette défense d'une vision profondément humaniste du marxisme et du socialisme, au-delà de la statolâtrie officielle, ont incontestablement contribué à isoler et à marginaliser dès le début Ernst Bloch dans le camp du marxisme-léninisme soviétique officiel, et en ex-R.D.A., car c'était évidemment un défi lancé à l'adresse des bureaucrates et des *apparatchiks* au pouvoir, qui n'avaient pas hésité à faire tirer sur les ouvriers du bâtiment en grève, dans la « Stalinallee », à Berlin-Est, en juin 1953, et c'est aussi une des raisons pour lesquelles il avait été démis, en 1957, de ses fonctions de professeur de philosophie ordinaire ; à l'université de Leipzig, au moment des grandes purges consécutives à l'écrasement sanglant de l'insurrection hongroise par les chars soviétiques, à Budapest, en novembre 1956.

Quant à la lecture et interprétation des utopies historiques présentées par Ernst Bloch, dans le tome II du *Principe Espérance,* force est de constater que sa critique des utopies autoritaires et de l'ordre (par exemple, celle de la *La République* de Platon et de *L'État de Soleil* de Campanella), s'accompagne de l'éloge explicite des « utopies libertaires », concept sous lequel il range volontairement *L'Utopia* de Thomas More[318] et aussi l'utopie fouriériste (phalanstérienne). Quant à l'utopie de Thomas More, Bloch a nettement tendance à la considérer comme la plus importante construction imaginaire –née dans l'Occident – d'un *ordre social libre et égalitaire,* même si la monogamie y est encore maintenue et s'il subsiste encore certaines contraintes et même des punitions draconiennes, par exemple,

[318] Cf. à ce propos Arno Münster, *Figures de l'utopie dans la pensée d'Ernst Bloch,* Aubier, Paris, 1985, rééd., Hermann, Paris, 2009, p. 53 sq.

pour l'adultère. Mais avec son partage égal des biens du travail, la limitation de la durée de travail journalière à six heures, avec son mépris de la propriété privée et de l'or, son système démocratique électif, son épicurisme, s'exprimant entre autres dans le culte des arts, des loisirs, de la beauté etc., son hostilité générale à un mode de vie ascétique, sa tolérance religieuse, l'utopie de Thomas More est bien, aux yeux de Bloch, la première grande anticipation du rêve d'une société démocratique communiste libre. Pour la première fois, la démocratie comprise dans un sens humain, dans le sens des libertés publiques et de la tolérance, y est alliée avec une économie collectiviste. Mais, à la différence des autres rêves collectivistes de l'état idéal, la *liberté* serait inscrite dans ce collectivisme dont le contenu serait « la démocratie matérielle et humaine ». En même temps, UTOPIA où tous les cultes sont tolérés, sans aucune discrimination, même si les utopiens ont majoritairement adopté le christianisme à cause du « mode de vie communiste » des premiers chrétiens, « est l'Eldorado de la liberté religieuse, pour ne pas dire le Panthéon de tous les dieux vénérables. » La mise en cause de l'absolutisme du christianisme, la tolérance institutionnalisée dans l'utopie morienne, « laisse libre cours au souffle précurseur des Lumières ».[319] Autrement dit, dans ce commentaire de *L'Utopia* de Thomas More, Ernst Bloch s'efforce de sauver à tout prix l'image et la substance révolutionnaire de l'utopie morienne, sans vouloir nier pour autant quelques contradictions et dissonances (par exemple, le contraste entre la Première Partie d'*Utopia*, comportant une critique radicale des conditions sociales graves en Angleterre, et la seconde partie qui est, effectivement, beaucoup moins radicale). Mais c'est, nous rappelle Bloch, tout à fait caractéris-

[319] Ernst Bloch, *Le Principe Espérance*, t. II, Gallimard, 1981, p. 94-95.

tique pour les rêves utopiques de la bourgeoisie naissante et ascendante.

Si Bloch insiste aussi beaucoup sur la radicalité de la critique sociale du chancelier anglais (décapité, après une longue détention à la Tour de Londres, en 1535, pour s'être opposé au roi Henri VIII, dans son affaire du divorce), il souligne cet aspect dans la ferme conviction que cette critique de l'exploitation des pauvres par les riches, du caractère répressif et excessif des lois, de tous les abus commis au nom de la propriété privée et du privilège, rend déjà transparent un *concept prémarxiste de la critique de l'État de classes*.[320] Et bien que cette critique ait chez Thomas More encore un fondement plutôt moral que scientifique, bien que son État idéal – projeté sur une île lointaine dans l'Atlantique – soit plutôt une invention rationnelle voire un rêve « rationalisé » – dépourvue de la « certitude de l'espérance chiliastique »[321] – son utopie est, estime Bloch, projetée sur la voie des « tendances humaines vers la liberté où le travail et l'État sont réduits au minimum et où la joie est exaltée au maximum. »[322]

Quant à l'utopie de Charles Fourier, il n'y a pas le moindre doute que Bloch la préfère très clairement à l'utopie saint-simonienne, à savoir à cette nouvelle « religion » industrielle saint-simonienne, préconisant l'harmonie et la réconciliation entre le Capital et le Travail. Car, même s'il ne peut pas se priver de formuler aussi quelques réserves à l'égard de « l'exubérance exotique » et « fantastique » de l'imagination utopique fouriériste (Cf. l'utopie du « second soleil » qui couronnera le pôle du Nord et l'ensemble des prophéties techniques qui semblent anticiper sur un grand nombre d'inventions techniques du XXe siècle

[320] Op. cit., p. 95.
[321] Op.cit. ,p. 96.
[322] Ibid.

et que Bloch qualifie – comparées à celles de Jules Verne ou de Scheerbart – de « paranoïaques »), Ernst Bloch ne cache pas son admiration, son enthousiasme devant « l'exactitude historique » de la critique sociale s'exprimant dans les écrits de Fourier, tels que la *Théorie des quatre mouvements* (1808), le *Traité de l'association domestique agricole* (1822) et *Le Nouveau Monde Industriel* (1828). Cette force de « critique historique »[323] propre à Fourier (que Bloch oppose à la critique utopiste « non historique » d'Owen) résulterait selon Bloch du fait que Fourier formule sa critique du temps présent non pas du point de vue d'un « État idéalisé », mais en tant que critique hic et nunc de la barbarie de la civilisation moderne.

Fourier démontrerait « que la civilisation ordonnée élève tous les vices que la barbarie exerçait de façon simple au niveau d'un mode de vie composé, équivoque, ambigu, hypocrite ». En se fondant de la sorte sur l'Histoire, il deviendrait ainsi non seulement un auteur satirique mais aussi un dialecticien. Bien que Fourier représente donc tout aussi peu qu'Owen les intérêts de classe du prolétariat, au sens marxien de la lutte des classes, il ne croit pas que la société bourgeoise soit amendable telle quelle ou en se prenant comme point de départ. Sans connaître Hegel et à une bonne génération de distance de Marx, Fourier découvre quand même cette thèse extraordinaire selon laquelle « dans toute civilisation la pauvreté est engendrée par l'abondance elle-même. La misère ne passe plus (comme les économistes bourgeois l'ont cru pendant des décennies et le croient probablement encore aujourd'hui) pour une situation provisoire qui prendra fin de soi-même, grâce à l'apparition de la corne d'abondance de la richesse crois-

[323] Op. cit., p. 139.

sante. »[324] Ces propos de Fourier cités par Ernst Bloch sont, dirais-je, encore tout à fait d'actualité !

Bloch est apparemment fasciné par la lucidité avec laquelle Fourier prophétise déjà en 1808 la fin du capitalisme concurrentiel et l'avènement du capitalisme des monopoles, et par la manière dont Fourier démasque la « faille [morale] » du libéralisme économique. Mais il y aurait cependant – et sur ce point précis l'éloge du fouriérisme s'articule, chez Bloch, avec une critique marxiste des limites de sa pensée – un point de rupture dans la critique sociale fouriériste et dans sa doctrine du « garantisme », précisément là où la médiation historico-dialectique de cette critique cède brusquement le terrain à « des images de souhait de l'avenir » qui sont le produit d'une « imagination optative [purement] subjective ».[325] Comme Karl Marx et à un moindre degré, Auguste Blanqui – qui était le premier à réfuter, du point de vue « communiste » et matérialiste radical, le coopérativisme fouriériste –, Bloch critique le caractère « petit-bourgeois » de certains projets de réformes économiques de Fourier (comme par exemple le projet de la « Caisse d'Epargne » et de « Caisse d'Assurance ») et va jusqu'à suspecter le « garantisme fédéraliste » de Fourier de sympathies avec l'anarchisme (proudhonien).

Mais en général, Bloch souligne plutôt le caractère progressiste et révolutionnaire du *socialisme utopique fédératif* de Charles Fourier qui, avec son projet des « Phalanstères », avait voulu « sauvegarder pour la communauté la douceur d'une pastorale au milieu d'un front socialiste ».[326] S'il lui accorde la première et la meilleure place parmi les utopies fédératives et libertaires, il le fait en raison de l'enthousiasme profond qu'il éprouve précisément pour la

[324] Cf. Ernst Bloch, Op. cit., p. 139-140.
[325] Op. cit., p. 140.
[326] Op. cit., p. 141.

théorie des *passions* et de *l'association* de Fourier et, de prime abord, pour la conviction éthico-religieuse du fouriérisme que la réalisation de l'utopie fédérative dans les « phalanstères » serait le triomphe final de la passion « fondamentale » de l'amour chrétien.

À titre de conclusion, Ernst Bloch, convaincu que l'utopie abstraite a désormais fait son temps et qu'il faudrait absolument la substituer par *l'utopie concrète*, constate que « du fond du cœur les utopistes ont maudit l'iniquité, voulu la justice et, en tant qu'utopistes abstraits, ont élaboré dans leur tête les plans d'un monde meilleur ; c'est encore du fond du cœur qu'ils espéraient allumer la volonté de le réaliser. »[327] Or, « depuis Marx, le caractère abstrait des utopies est vaincu ; l'amélioration du monde n'est plus conçue que comme travail dans et avec les lois dialectiques du monde objectif, avec la dialectique matérielle d'une Histoire comprise, consciemment produite. Depuis Marx, l'utopie gratuite – mise à part une action partielle encore vivace dans certains mouvements d'émancipation – ne se manifeste plus que sous forme de jeux réactionnaires et superflus. Ils ne manquent certes pas de séduction et peuvent tout au moins servir à détourner l'attention, mais pour cette raison justement, ils sont devenus de simples idéologies de l'existant, revêtant le masque de la critique et de l'utopie. L'œuvre des rêveurs sociaux authentiques était d'une autre trempe ; elle était honnête et grande ; [et] c'est ainsi qu'elle doit être comprise et appréciée, avec toutes les faiblesses de son abstraction et de son optimisme trop expéditif, mais aussi avec sa volonté pressante et inlassable de paix, de liberté et de pain. Et l'histoire des utopies montre que le socialisme est aussi vieux que l'Occident, et avec

---

[327] Op. cit., p. 162.

l'archétype qui le sous-tend sans cesse : celui de l'Âge d'Or, encore plus vieux que lui. »[328]

Ces phrases ont été écrites, évidemment, par Ernst Bloch, en 1936, au moment de la victoire du « Front Populaire » en France. C'est donc, on l'a bien compris, « l'utopie concrète » contre « l'utopie abstraite » (bourgeoise ou social-démocrate), récupérée pour un marxisme compris comme philosophie de la praxis de l'utopie concrète, à savoir comme un « ensemble de directives d'action » définies en même temps comme « anticipations » :« Le but concrètement anticipé détermine la voie concrète à suivre. » Et encore plus déterminante que cette volonté de transformation sera, « dès lors le pathos du but fondamental qui chez les vieux utopistes est la plupart du temps responsable de la qualité et de l'importance qui leur sont encore reconnues aujourd'hui, et en fait même des alliés contre le démocratisme social pour lequel, depuis Bernstein, le mouvement signifie tout, mais le but rien. »[329] À ce propos, Bloch s'en prend particulièrement à Proudhon qui est qualifié d'« utopiste de mauvais aloi » qui se serait contenté d'imaginer un petit-bourgeois simplement transfiguré dans l'Idée générale de la révolution. »[330] Sa défense des Utopies libertaires comporte donc paradoxalement, pourrait-on dire une critique des doctrines des représentants des courants anarcho-libertaires du 19e siècle : de Proudhon, de Stirner, de Bakounine, de Kropotkine...auxquels il oppose, comme militants théoriques en faveur de l'utopie concrète, Marx, mais aussi Thomas Müntzer, le « théologien de la Révolution », dont l'exaltation rebelle « Omnia sint communia ! » est interprétée comme une des formes d'expression les plus exemplaires de l'espérance des utopies sociales, au XIVe siècle, lors de la guerre des paysans en Allemagne. Il y avait

[328] Op. cit., p. 167-168.
[329] Op. cit., p. 165.
[330] Ibid.

beaucoup de « réalisme », souligne Bloch, dans cette exaltation : « L'abstraction est la grande faiblesse, la ténacité et l'absolu sont la force des anciens grands livres utopiques. »[331]

Hans Jonas est parmi ceux des grands témoins de notre époque qui, dans le cadre de ses réflexions consacrées au *Principe Responsabilité*, ont le plus violemment attaqué ce concept blochien de l'utopie concrète et, avec cela, toute une pensée (néomarxiste) fondée sur la conviction qu'il faudrait réaliser, les rêves et images de souhait pour construire une société meilleure, plus juste et plus égalitaire.

Étant persuadé que les progrès de la technique, accompagnés d'une répartition plus égale des richesses produites par le capitalisme libéral, devraient tôt ou tard rendre superflue la lutte des classes et la réorganisation globale des rapports socio-économiques, dans la perspective de la révolution sociale marxienne et dans celle de l'utopie concrète blochienne, il s'en prend, dès les premières pages[332] de la quatrième et dernière section du *Principe Responsabilité*[333], à la pensée « coriace » de l'utopie concrète et à ce que Jonas nomme polémiquement « l'utopisme marxiste » de Bloch, désormais mis en cause comme n'étant qu'une « eschatologie sécularisée », héritière de la religion. De même, les concepts blochiens de « résurrection de la nature », d'« humanisation de l'homme et de naturalisation de la nature » (repris chez Marx) et de « transformation de la planète terre en un globe devenu un « foyer plus habitable » (Heimat), ne trouvent plus aucune grâce aux yeux de Jonas. Il conteste ces concepts et ces vues précisément au nom

---

[331] Op. cit., p. 167.

[332] Cf. Arno Münster, *Principe Responsabilité ou Principe Espérance ?(Hans Jonas, Ernst Bloch, G. Anders),* Le Bord de l'eau, Lormont, 2004, pp. 44 sq.

[333] Cf. Hans Jonas, *Le Principe Responsabilité*, trad. de l'allemand de Jean Greisch, Le Cerf, Paris, 1979.

d'une philosophie de la nature qui, apparemment, exclut complètement l'idée blochienne d'une possible et fructueuse alliance de l'Homme avec la Nature ainsi que celle d'une possible réalisation, dans cette perspective, des rêves utopiques d'un monde meilleur. En soumettant tous ces concepts et ces théories à une « vérification terrestre », Jonas n'a apparemment pas beaucoup de peine à prononcer le verdict d'un « utopisme irréaliste » à l'adresse de cette pensée qu'il a tendance à classer comme « subversive », avec toute pensée se réclamant du matérialisme historique et dialectique, même s'il admet, par exemple dans une note en bas de la page 332 du *Principe Responsabilité*, qu'il faudrait faire peut-être pour une fois faire une exception pour Bloch, l'utopiste « par excellence ». Mais, ajoute-t-il, « chez lui aussi la majeure partie est trop oraculaire pour pouvoir être représentée de façon concrète. »[334] En réalité, le problème crucial, pour Jonas, n'est pas la critique matérialiste, marxiste et morale des conditions d'injustice et de misère générées par le capitalisme, mais la promesse utopique d'une « transformation exaltante de l'homme, grâce à des circonstances jamais encore connues, ce qui représente à ses yeux une perspective « excessive ». Selon lui, les « damnés de cette terre » qui n'ont rien d'autre à perdre que leurs chaînes, n'avaient pas besoin du rêve d'un homme nouveau ou d'un quelconque royaume des cieux sur terre, pour chercher à obtenir une rédemption de leur situation intolérable, grâce à la nouvelle distribution des richesses et à la socialisation des grands moyens de production, une fois qu'ils avaient compris qu'elle était possible et qu'elle pouvait être obtenue sous la pression de leur solidarité. »[335] Avec ces affirmations, Jonas s'attaque en effet, d'entrée de jeu, aux intentions philosophiques du *Principe Espérance,* après avoir engagé apparemment trop vite la polémique

---

[334] Op. cit., p. 332, note 1 en bas de page.
[335] Op. cit.,p. 334.

avec cette pensée utopique, et après avoir rejeté, sans doute, trop facilement et en bloc, les concepts-clés de cette philosophie néomarxiste de *l'utopie concrète* et de *l'espérance* qui ne revendique en réalité rien d'autre que le droit imprescriptible des hommes au rêve d'émancipation de toute servitude et de toute exploitation et à une vie meilleure. La question que Jonas, à ce propos, ne pose pas est donc précisément la suivante : Comment les damnés de la terre auraient-ils pu alors s'organiser efficacement et en solidarité contre les formes les plus inhumaines de l'exploitation et de l'aliénation, s'ils n'avaient pas eux-mêmes aussi été guidés par ce rêve libérateur ? La solidarité est-elle exclusivement réductible à un mouvement collectif réactif ? Est-il possible d'organiser la résistance contre l'injustice, sans la référence simultanée à un idéal utopique, c'est-à-dire au rêve et souhait qu'une autre vie sur la terre est et sera possible *?* Tout cela n'est par pris en compte par Jonas.[336] Et cette faiblesse fragilise aussi, à mes yeux, sa tentative de réfutation du marxisme utopique de Bloch et de son ontologie du non-encore-être. Il convient de rappeler ici ce que Bloch a écrit, dans la *Préface* au tome premier du *Principe Espérance :*

« L'attente, l'espérance, l'intention dirigée vers la possibilité non encore devenue constituent non seulement une propriété fondamentale de la conscience humaine, mais aussi, à condition d'être rectifiées et saisies dans leur aspect concret, une détermination fondamentale au sein même de la réalité objective tout entière. Depuis Marx, il est devenu impossible à toute recherche de la vérité et à toute décision réaliste de se passer des contenus subjectifs et objectifs de l'espérance dans le monde ; à moins de sombrer dans la platitude ou d'aboutir à une impasse. La philosophie aura la conscience du lendemain, le parti pris du futur, le savoir de

---

[336] Cf. Arno Münster, *Principe Responsabilité ou Principe Espérance ? (H. Jonas, G. Anders, E. Bloch)*, Le bord de l'eau, Lormont, 2011, p. 45 sq.

l'espérance, ou elle n'aura plus aucun savoir du tout. Et la nouvelle philosophie, telle que Marx l'a inaugurée, c'est aussi la philosophie du Nouveau, celui qui nous attend tous, pour nous anéantir ou nous combler (…). Son espace, c'est la possibilité objectivement réelle, au sein du processus, dans la voie que suit l'objet lui-même et où l'objet de l'intention radicale des hommes ne s'est encore jamais présenté, mais tout aussi bien n'a jamais été voué à l'échec définitif. Ce qui lui importe le plus et ce qu'elle veut cultiver de toutes ses forces, c'est l'espérance véritable dans le sujet, espérance véritable dans l'objet, c'est la fonction et le contenu de cette chose pour nous, de cette chose centrale qu'il s'agit d'explorer. »[337]

---

[337] Ernst Bloch, *Le Principe Espérance,* t. I , trad. F. Wuilmart, Gallimard, Paris, 1976, p. 14.

[Conclusion]

La philosophie humaniste, utopique et révolutionnaire d'Ernst Bloch (1885-1977), l'auteur de la trilogie *Le Principe Espérance*[338] lance donc non seulement un grand défi à l'utopisme abstrait et à la *realpolitik,* en justifiant, au nom du principe et d'une volonté utopique authentique, la nécessité de transformer le monde pour le meilleur, mais elle s'efforce aussi de corriger les conceptions d'un matérialisme vulgaire et d'un marxisme-léninisme dogmatisé, en tentant de combler le déficit utopique d'une théorie matérialiste focalisée exclusivement sur la critique de l'économie politique de Marx et qui est devenue, à l'Est, sous Staline, la théorie de légitimation d'un socialisme bureaucratique et autoritaire. L'utopie, le principal concept de cette philosophie, n'est plus considérée comme une rêverie abstraite ou comme l'esquisse imaginaire d'un État idéal du futur où règneraient la justice et l'égalité entre les hommes, mais elle est désormais définie comme principe organisateur d'une praxis de l'« utopie concrète », dans le cadre d'une philosophie de la praxis s'efforçant de faire une synthèse, via la médiation de la catégorie « possibilité », des « images de souhait » de la « conscience anticipante » et du « pré-apparaître utopique », avec la volonté de transformation du monde vers le meilleur, dans la perspective des enseignements des *Onze Thèses de Marx sur Feuerbach.* Ainsi Ernst Bloch tentera non seulement de redéfinir le marxisme comme « morale », mais aussi comme « science de l'avenir » du réel, c'est-à-dire comme une science orientée vers la perception du pré-apparaître du non-encore-devenu et vers l'extériorisation des potentialités utopiques immanentes à l'être.

[338] Ernst Bloch, *Le Principe Espérance,* trad. en français – F Wuilmart, Gallimard, Paris 1976-91.

Je voudrais terminer avec une citation non pas d'Ernst Bloch mais de Jan-Robert Bloch, le fils du philosophe, décédé à Berlin, il y a quatre ans, à l'âge de 72 ans, et qui, quelques jours seulement avant sa mort, le 13 mai 2010, avait écrit ceci, en pensant effectivement aux expériences faites par Ernst Bloch et sa famille en RDA, à Leipzig, de 1949 à 1961.

« Le dilemme de l'histoire du communisme commence dès que le « Oui » issu du « Non » prend des dimensions anti-utopiques et dès que le rêve dégénère en administration des hommes. Tant que les « nonistes » (ceux qui disaient non) s'apprêtent à affirmer le grand « Oui », avec un grand optimisme historique, quelque chose se passe avec le « oui », mais pas pour le mieux de celui-ci. Le « oui » se transforme jusqu'à sa méconnaissance ou, pire encore, jusqu'à sa (vraie) connaissance. »

***

Arno Münster

Nice, le 14 mai 2014.

BIBLIOGRAPHIE

Adorno, Theodor W., *Philosophie de la nouvelle musique,* trad. de l'allemand par H. Hildenbrand et A. Lindenberg, Gallimard, Paris, 1962, 1979.

Adorno, Théodor W., *Théorie esthétique*, trad. Marc Jimenez, Paris, Klincksieck, 1974.

Anders, Günther, *L'Obsolescence de l'homme,* trad. de l'allemand par Christophe David, Editions de l'Encyclopédie des Nuisances/Editions Ivréa, Paris, 2002.

Anders, Günther, *La menace nucléaire. Considérations radicales sur l'âge atomique*, trad. Christophe David, Éditions du Rocher/Le Serpent à plumes, Paris, 2006.

Baczko, Bronislaw, *Lumières de l'utopie,* Payot, Paris, 1978.

Benjamin, Walter, *Œuvres, t. I – III,* trad. de l'allemand par Maurice de Gandillac, Pierre Rusch et Rainer Rochlitz, Gallimard, « Folio-essai », Paris, 2 000.

Adorno, Théodor W., *Kierkegaard. La construction de l'esthétique,* trad. et préface d'Éliane Escoubas, Payot, Paris, 1995.

Bloch, Ernst, *L'Esprit de l'Utopie,* trad. de l'allemand par Anne-Marie Lang et Catherine Piron-Audard, Gallimard, Paris, 1977.

Bloch, Ernst, *Le Principe Espérance*, t. I, II et IIII, trad. de l'allemand par Françoise Wuilmart, Gallimard, Paris, 1976, 1982, 1991.

Freud, Sigmund, *Interprétation du rêve*, trad. fr. Jean-Pierre Lefebvre, Le Seuil, Paris, 2010.

Freud, Sigmund, *Métapsychologie*, trad. Jean Laplanche, J.-B. Pontalis, Gallimard, « folio-essais », Paris, 1968.

Freud, Sigmund, *Le mot d'esprit et sa relation à l'inconscient*, trad. Denis Messier, Gallimard, « Folio-essais », Paris, 1988.

Furet, François, *Le passé d'une illusion. Essai sur l'idée communiste au XXe siècle,* Calmann-Lévy/Robert Laffont, Paris, 1995.

Gorz, André, *Écologie et Politique*, Galilée, Paris, 1975 ; Le Seuil, 1978.

Heidegger, Martin, *Être et Temps* [Sein und Zeit], trad. Martineau, Gallimard, Paris, 1987.

Jonas, Hans, *Le Principe Responsabilité (Une éthique pour la civilisation technologique)*, trad. de l'allemand par Jean Greisch, Le Cerf, 1993, Flammarion, Paris, 1998.

Jung, C.G., *L'analyse des rêves,* in *L'Année psychologique*, t. XV.

Kierkegaard, Sören, *Œuvres Complètes, 19 vol. + 1 vol. d'index, trad.* du danois par T.H. Tisseau et E.M. Jacquet-Tisseau, introd. J. Brun, Editions Orante, Paris, 1966 sq.

Kierkegaard, Sören, *Miettes philosophiques, Le concept de l'angoisse, Traité du Désespoir,* Gallimard, « Tel », Paris, 1990.

Manifeste Utopia (*Avant-propos d'André Gorz),* Paragon/ Vs, Lyon, 2008.

Münster, Arno, *L'utopie concrète d'Ernst Bloch. Une biographie,* Kimé, Paris, 2001 (trad. en allemand et en italien).

Münster, Arno, *Figures de l'utopie dans la pensée d'Ernst Bloch*, Aubier, Paris, 1985, rééd., Hermann, Paris, 2009.

Ricœur, Paul, *L'idéologie et l'utopie,* trad. de l'américain par Myriam Revault d'Allonnes et Joël Roman, Le Seuil, Paris, 1997.

NOTICE SUR L'AUTEUR

Arno **Münster,** philosophe franco-allemand, né le 10 août 1942 près de Wroclaw (Breslau), en Pologne, est maître de conférences honoraire de philosophie à l'Université de Picardie Jules Verne d'Amiens. Il est auteur d'une quarantaine de livres et d'essais consacrés principalement à l'histoire de la pensée allemande et française contemporaine (XIXe-XXe siècles), à Nietzsche, à l'École de Francfort, à Sartre, à André Gorz et à Ernst Bloch (dont il est le disciple et le biographe). Il est membre du *Groupe d'Études Sartriennes* (G.E.S.), de *L'Internationale Ernst-Bloch-Gesellschaft* et membre du comité de rédaction de la revue *Ecorev* (*revue critique de l'écologie politique*). Ses ouvrages ont été traduits en plusieurs langues : allemand, italien, espagnol, portugais, danois. Principaux ouvrages : *Figures de l'utopie dans la pensée d'Ernst Bloch*, Aubier, Paris, 1985, rééd. Hermann, Paris, 2009 ; *Ernst Bloch : messianisme et utopie,* PUF, 1989 ; *Nietzsche et le nazisme*, Kimé, Paris, 1995 ; *Progrès et catastrophe. Walter Benjamin et l'Histoire,* Kimé, Paris, 1996 ; *Le principe « discussion ». (Habermas ou le tournant langagier et communicationnel de la Théorie critique),* Kimé, Paris, 1998 ; *Nietzsche et Stirner*, Kimé, Paris, 1999 ; *L'utopie concrète d'Ernst Bloch. Une biographie*, Kimé, Paris, 2001 (trad. en allemand et en italien); *Heidegger, la « science allemande » et le national-socialisme,* Kimé, Paris, 2002 ; *Sartre et la praxis.(Ontologie de la liberté et praxis dans la pensée de Jean-Paul Sartre)*, L'Harmattan, Paris, 2005 ; *Sartre et la morale,* L'Harmattan, Paris, 2007 ; *Hannah Arendt – contre Marx ?*, Hermann, Paris, 2009 ; *André Gorz ou le socia-*

lisme difficile, Lignes, Paris, 2008 (trad. en allemand et en espagnol) ; *Principe Responsabilité ou Principe espérance ? (Hans Jonas, Ernst Bloch, Günther Anders)*, Le bord de l'eau, Lormont, 2011 ; *Pour un socialisme vert,* Lignes, 2012 ; *Utopie, Écologie, Eco-socialisme*, L'Harmattan, Paris, 2013 ; *Albert Camus. La révolte contre la révolution ?(Essai)*, L'Harmattan, Paris, 2014.

TABLE DES MATIÈRES

Philosophie
aux éditions L'Harmattan

Dernières parutions

CRITIQUE ET ÉMANCIPATION
Recherches foucaldiennes sur la culture arabe contemporaine
Beghoura Zouaoui - Préface de Jacques Poulain
Cet ouvrage utilise les pensées de Michel Foucault dans la culture arabe. Il joint à une histoire socio-politique de cette culture une critique qui vise à y établir les conditions d'une émancipation réelle, indépendante de l'actualité brûlante qui semble la rendre aujourd'hui impossible. Cette expérience de critique socio-politique développe en effet les critères d'une émancipation intellectuelle qui conditionne toute émancipation sociale.
(Coll. La philosophie en commun, 17.00 euros, 176 p.)
ISBN : 978-2-343-04092-9, ISBN EBOOK : 978-2-336-36304-2

DU FÉMINISME DANS L'ŒUVRE DE MICHEL FOUCAULT
A demain le bon sexe – Essai
Sastre Danièle
«Le sexe, disait Foucault, ça s'administre, la sexualité, ça se subit ; quant à la sensualité, elle est chaque jour à inventer.» L'auteur a voulu rouvrir le dossier, emprunter les chemins qu'il a tracés en 1976 en écrivant son Histoire de la sexualité, qui est l'histoire des discours sur la sexualité, eux-mêmes histoire des corps investis par le pouvoir.
(27.00 euros, 268 p.)
ISBN : 978-2-343-04763-8, ISBN EBOOK : 978-2-336-36305-9

GASTON BACHELARD, UNE POÉTIQUE DE LA LECTURE
Buse Ionel
L'éthique bachelardienne est une éthique simple, mais pas du tout simpliste : l'homme du théorème est complété par l'homme du poème. Mais, si l'éthique est une direction de la pensée qui doit maîtriser notre avenir, la poétique est la source ontologique de cette pensée. C'est-à-dire la liberté de rêver doit être à l'origine de la liberté créatrice de la pensée ou de l'homme des théorèmes. En fait, il ne s'agit pas d'une éthique fermée dans les modèles artificiels d'une pensée techniciste, mais toujours d'une éthique soutenue, à l'origine, par une poétique de la pensée ouverte.
(Coll. Ouverture Philosophique, 16.50 euros, 160 p.)
ISBN : 978-2-343-04292-3, ISBN EBOOK : 978-2-336-36292-2

HOMME (L') EST-IL UN ANIMAL POLITIQUE ?
Physique de la misanthropie, entre littérature et philosophie
Ainseba Tayeb
Le compartimentage disciplinaire hérité du XIXe siècle pousse à opposer les intentions esthétiques de la littérature au chemin vers la vérité que serait la philosophie. Cette opposition nie la possibilité d'une philosophie littéraire tant que, réduite à un dogme, elle n'est pas critiquée. Ce livre, plutôt que d'opposer la littérature et la philosophie, raconte ce qui les rapproche en prenant un thème qui leur est commun, celui de la misanthropie.
(30.00 euros, 298 p.)
ISBN : 978-2-343-04870-3, ISBN EBOOK : 978-2-336-36346-2

LOGIQUE ET RHÉTORIQUE SELON CHAÏM PERELMAN
ou le jugement partagé – L'éloquence de la raison
Melcer Jean-François
Des trois volets de l'oeuvre de Chaïm Perelman – la philosophie du droit, l'éthique et la logique – le troisième est le moins connu. Les précédents tomes de *L'éloquence de la raison* ont mis l'accent sur les deux premiers. Il s'agit, à présent, d'expliciter les conditions épistémologiques de possibilité de la nouvelle rhétorique, conçue comme logique argumentative, non comme technologie persuasive.
(Coll. Ouverture Philosophique, 31.00 euros, 304 p.)
ISBN : 978-2-343-04209-1, ISBN EBOOK : 978-2-336-36286-1

MERLEAU-PONTY - FREUD ET LES PSYCHANALYSTES
Le Baut Hervé
Le parcours de Maurice Merleau-Ponty ne peut se comprendre sans le fil rouge de la Psychanalyse : dès sa thèse, il restaure le primat de la perception et du corps sexué à la lumière de Freud et de Binswanger. A la Sorbonne, il renouvelle la Psychologie de l'enfant en y intégrant M. Klein, J. Lacan et F. Dolto. Au Collège de France plusieurs cours font des rêves et de la libido une dimension inéluctable de l'humain. De nombreux psychanalystes et psychiatres se sont « laissés interroger par lui « : citons : H. Ey, A. Hesnard, P. Fédida, A. Green, J. Laplanche, J.-B. Pontalis, Luce Irigaray…
(Coll. Ouverture Philosophique, 24.00 euros, 296 p.)
ISBN : 978-2-343-04080-6, ISBN EBOOK : 978-2-336-36381-3

NAÎTRE MÈRE
Essai philosophique d'une sage-femme
de Gunzbourg Hélène
Cet essai est la réflexion d'une sage-femme qui, depuis trente ans, a accompagné des femmes pendant leur grossesse et après la naissance de leur enfant, écoutant leur questionnement sur l'arrivée au monde d'un enfant désormais « désiré ». La révolution dans la procréation et la transformation de la famille concerne chacun d'entre nous. Faut-il redouter que les forces aveugles de la nature ou du destin soient remplacées par la rigueur glaciale et anonyme de la technoscience et de son « expertise » ?
(Coll. Ouverture Philosophique, 28.00 euros, 274 p.)
ISBN : 978-2-343-04437-8, ISBN EBOOK : 978-2-336-36405-6

PENSÉE DIALOGIQUE, LANGAGE ET INTERSUBJECTIVITÉ DANS LA PHILOSOPHIE DE FRANZ ROSENZWEIG

Muller Alain - Préface de Bernard Forthomme

L'originalité de cet ouvrage, c'est de tenter d'éclairer le « retour » de Franz Rosenzweig au judaïsme, - et le concept de « révélation » qui s'y rattache -, à partir de l'itinéraire intellectuel et de la philosophie de celui-ci, et en s'appuyant sur les philosophies d'Hermann Cohen et d'Eugen Rosenstock, et cela en plaçant le premier dans le contexte historique de la « symbiose judéo-allemande », le second dans le cadre du dialogue interreligieux entre le christianisme et le judaïsme.

(Coll. Ouverture Philosophique, 28.00 euros, 270 p.)

ISBN : 978-2-336-00746-5, ISBN EBOOK : 978-2-336-36432-2

PENSÉE (LA) POSITIVISTE SOUS LE SECOND EMPIRE

Charlton Donald Geoffrey - Traduction : René Boissel

Le Second Empire fut l'époque charnière dans la construction de la France moderne : développement exponentiel de la science qui repousse les frontières de l'inconnaissable, culte du 'Progrès' sans limite qui atteindra son apogée à la veille de la Première Guerre mondiale. Parallèlement, une nouvelle philosophie se construit avec pour base la science et remet en cause les profondes certitudes préalablement acquises : le positivisme, esquissé par Saint-Simon et structuré par Auguste Comte. Le professeur Donald Geoffrey Charlton (1925 – 1995) présenta sa thèse à l'Université de Londres.

(Coll. Ouverture Philosophique, 26.00 euros, 260 p.)

ISBN : 978-2-343-01340-4, ISBN EBOOK : 978-2-336-36430-8

PHILOSOPHIE ET SPÉCIFICITÉ AFRICAINE DANS LA REVUE PHILOSOPHIQUE DE KINSHASA

Massamba-Makoumbou Jean-Serge

La revendication d'une rationalité purement africaine par les milieux scientifiques ou universitaires africains, depuis des décennies, dérive de la minorisation de l'Afrique. Cette étude s'interroge sur le sens et la signification de la notion d'africanité attachée à sa philosophie. Elle tente de répondre à la question de l'identité africaine de cette philosophie et partant de celle du philosophe africain, telle qu'elle se donne à lire dans la Revue philosophique de Kinshasa.

(Coll. Ouverture Philosophique, 16.50 euros, 168 p.)

ISBN : 978-2-343-05119-2, ISBN EBOOK : 978-2-336-36416-2

RECUEILLEMENT DE SOCRATE

Sur l'âme, source et principe d'existence

Guigues Gilles

Dans sa prison, condamnée à mort, Socrate se coupe de toute préoccupation terrestre pour se concentrer sur la vie de l'esprit. Sans faiblir devant la venue de la mort ni se défaire de son exigence morale, il révèle, dans le dialogue avec ses fidèles, sa force d'âme. Socrate veut rassurer les siens, les consoler de sa disparition. Il révèle ce qui guide son esprit de la façon la plus digne qui soit.

(Coll. Ouverture Philosophique, 21.00 euros, 208 p.)

ISBN : 978-2-343-04651-8, ISBN EBOOK : 978-2-336-36350-9

SECRET (LE) D'AMOUR
Opération athéologique dans l'esprit de Georges Bataille
Présentation et postface de Laurent Cherlonneix
Ce livre mêle une initiation au Secret d'Amour et une restauration de la théorie de l'amour et de la mort dans la pensée de Georges Bataille. Certains lecteurs se réjouiront alors un peu vite et d'autres s'attristeront de façon, non moins erronée de découvrir, au travers d'une opération athéologique censé les projeter au-delà du ciel platonicien et du «spiritisme», le séjour d'un Dieu ultime, lequel n'est autre qu'une nouvel Esprit ayant renoncé au salut.
(Coll. Épistémologie et philosophie des sciences, 28.00 euros, 272 p.)
ISBN : 978-2-343-04393-7, ISBN EBOOK : 978-2-336-36449-0

VÉRITÉ (LA) DE L'OPINION
Réflexions sur la liberté de juger
Penali Danny Daniel
L'auteur montre que l'opinion est le levier de la conscience que les hommes ont du savoir objectif, des rapports aux droits humains, et surtout, la pierre angulaire de la liberté. L'opinion est, dans tous les processus affectant la vie des hommes, incontournable. Car c'est elle qui mesure l'intensité de notre rapport au monde historique. L'opinion est aujourd'hui un réel pouvoir et pèse inévitablement sur le développement de la conscience sociale.
(32.00 euros, 308 p.)
ISBN : 978-2-343-04345-6, ISBN EBOOK : 978-2-336-36385-1

CORPS (LE) DU SOCIAL
Esquisse pour une sociologie existentielle
Tognonato Claudio - Traduit de l'italien par Benjamin Gadé
Dans une société fragmentée et individualiste la sociologie reproduit ce qu'elle observe, donnant vie à une myriade d'études le plus souvent insignifiantes. La science du social a perdu ce regard d'ensemble qui en faisait une conscience critique. Le livre de Claudio Tognonato, professeur à l'université de Roma Tre, est une tentative de réconciliation entre sociologie et philosophie, proposant pour cela un point de rencontre existentiel, un pivot lié à l'œuvre de Jean-Paul Sartre.
(Harmattan Italia, Coll. Harmattan Italia, 34.00 euros, 268 p.)
ISBN : 978-2-336-30719-0, ISBN EBOOK : 978-2-336-36322-6

ARISTOTE LA PHYSIQUE, LIVRE VI
(Tome 1 : Introduction et traduction)
Dufour Mylène
Le livre VI est majeur pour l'histoire de la philosophie ancienne et pour la philosophie moderne. Il est l'unique témoin des quatre apories de Zénon sur le mouvement, qui n'auraient été résolues selon Russell qu'au tournant du XXe siècle avec les mathématiques modernes. On trouvera dans ce premier tome une traduction du livre VI attentive au travail opéré par Aristote sur le langage, et précédée d'une introduction aux grands axes exégétiques qui le traversent.
(Coll. Ouverture Philosophique, 23.50 euros, 226 p.)
ISBN : 978-2-343-03815-5, ISBN EBOOK : 978-2-336-36216-8

L'HARMATTAN ITALIA
Via Degli Artisti 15; 10124 Torino

L'HARMATTAN HONGRIE
Könyvesbolt ; Kossuth L. u. 14-16
1053 Budapest

L'HARMATTAN KINSHASA
185, avenue Nyangwe
Commune de Lingwala
Kinshasa, R.D. Congo
(00243) 998697603 ou (00243) 999229662

L'HARMATTAN CONGO
67, av. E. P. Lumumba
Bât. – Congo Pharmacie (Bib. Nat.)
BP2874 Brazzaville
harmattan.congo@yahoo.fr

L'HARMATTAN GUINÉE
Almamya Rue KA 028, en face
du restaurant Le Cèdre
OKB agency BP 3470 Conakry
(00224) 657 20 85 08 / 664 28 91 96
harmattanguinee@yahoo.fr

L'HARMATTAN MALI
Rue 73, Porte 536, Niamakoro,
Cité Unicef, Bamako
Tél. 00 (223) 20205724 / +(223) 76378082
poudiougopaul@yahoo.fr
pp.harmattan@gmail.com

L'HARMATTAN CAMEROUN
BP 11486
Face à la SNI, immeuble Don Bosco
Yaoundé
(00237) 99 76 61 66
harmattancam@yahoo.fr

L'HARMATTAN CÔTE D'IVOIRE
Résidence Karl / cité des arts
Abidjan-Cocody 03 BP 1588 Abidjan 03
(00225) 05 77 87 31
etien_nda@yahoo.fr

L'HARMATTAN BURKINA
Penou Achille Some
Ouagadougou
(+226) 70 26 88 27

L'HARMATTAN SÉNÉGAL
10 VDN en face Mermoz, après le pont de Fann
BP 45034 Dakar Fann
33 825 98 58 / 33 860 9858
senharmattan@gmail.com / senlibraire@gmail.com
www.harmattansenegal.com

L'HARMATTAN BÉNIN
ISOR-BENIN
01 BP 359 COTONOU-RP
Quartier Gbèdjromèdé,
Rue Agbélenco, Lot 1247 I
Tél : 00 229 21 32 53 79
christian_dablaka123@yahoo.fr

654068 - Mai 2016
Achevé d'imprimer par